Die PfundsKur

Prof. Dr. Volker Pudel
Prof. Dr. Wolfgang Schlicht

Das Trainingsbuch
zur erfolgreichsten Gesundheitsaktion Deutschlands

HamppVerlag

Auf ein Neues: PfundsKur-Power, PfundsKur-Erfolg

**Sehr geehrte Teilnehmerinnen,
sehr geehrte Teilnehmer der PfundsKur,**

es ist wieder soweit. Die PfundsKur startet mit viel „Lust auf Leben" in eine neue Runde. Deutschlands größte Gesundheitsaktion von SWR1, SÜDWEST Fernsehen und der AOK in Baden-Württemberg macht sich erneut auf die Suche nach den „Fettaugen" im Essen und bringt Ihnen mehr Bewegung in den Alltag.

Nach der überwältigenden Resonanz der PfundsKur in der Vergangenheit freuen wir uns, Ihnen auch in diesem Jahr Wissenswertes in Sachen Wohlbefinden näher bringen zu können.

Neben den ernährungswissenschaftlichen Aspekten legt die PfundsKur ihr Augenmerk nun auch auf mehr Bewegung und einfache Möglichkeiten der sportlichen Betätigung zur Steigerung der Vitalität. Wir sind froh, in unserem PfundsKur-Team einen neuen Experten begrüßen zu können. Während Prof. Dr. Volker Pudel und PfundsKur-Koch Ewald Braden in bewährter Weise die neuesten Tipps und Tricks zur richtigen Ernährung geben, zeigt zum ersten Mal Prof. Dr. Wolfgang Schlicht, wie einfach sich körperliche Betätigung in den individuellen Alltag integrieren lässt.

Der Südwestrundfunk und die AOK Baden-Württemberg sorgen gemeinsam dafür, dass Sie nichts davon verpassen.

Holen Sie sich professionelle Handlungsanleitungen vor Ort. Machen Sie mit bei den landesweit angebotenen SWR1/AOK-PfundsKur-Gruppen. Lernen Sie dabei die praktische Umsetzung einer optimalen Ernährung und entwickeln Sie für sich das richtige Maß Ihrer persönlichen Bewegung.

Informieren Sie sich in Radio und Fernsehen. Hören Sie bei SWR1 Baden-Württemberg alle Basisinformationen, verfolgen Sie, welche Erfahrungen andere Teilnehmer bei der PfundsKur machen oder halten Sie sich mit den größten Hits aller Zeiten in Bewegung. Sehen Sie im SÜDWEST Fernsehen Interviews mit unseren Experten und erfahren Sie interessante Hintergrundinfos.

Egal, welche Angebote Sie auch wahrnehmen möchten, wir wünschen Ihnen viel „Lust auf Leben" bei der PfundsKur.

Herzlichst

Dr. Willi Steul
Landessender Direktor
Baden-Württemberg
Südwestrundfunk

Roland Sing
Vorstandsvorsitzender
AOK Baden-Württemberg

Die PfundsKur

Bestnote von Stiftung Warentest

Die Deutschen machen immer mehr Diäten und werden dabei immer dicker. Im Gegensatz zu herkömmlichen Abnehmprogrammen ist die PfundsKur aber keine einseitige Diät mit kurzfristigem Erfolg, sondern ein ganzheitlicher, umfassender Ansatz, der dauerhafte Gewichtsabnahme gewährleistet. Sie ist ein wissenschaftlich fundiertes 10-Wochen-Mitmach-Programm, das von hoch qualifizierten Experten ausgearbeitet wurde. Die Stiftung Warentest hat die PfundsKur in ihren Diätentests bereits mehrfach mit „uneingeschränkt empfehlenswert" benotet, zuletzt im Diätenvergleich 2002.

Fett macht fett – Bewegung macht Figur

Schon immer hat die PfundsKur das Zusammenspiel von gesundem, fettkontrolliertem Essen und Trinken und körperlicher Aktivität betont. „Fett macht fett, Bewegung macht Figur" lautete der Slogan, der nach wie vor uneingeschränkt Gültigkeit besitzt. Neu ist jedoch, dass das bewährte Erfolgsrezept von Prof. Dr. Volker Pudel in diesem Jahr um ein eigenständiges und ausführliches Bewegungsprogramm ergänzt wird, das Prof. Dr. Wolfgang Schlicht speziell für die PfundsKur entwickelt hat.

Schritt für Schritt zum Wohlfühlgewicht

Im Trainingsbuch zur PfundsKur finden sie zehn Kapitel, die den zehn Trainingswochen entsprechen. Auch wenn es spannend und verlockend erscheint, lesen Sie als PfundsKur-Teilnehmer nicht das ganze Buch in einem durch, sondern nehmen Sie sich jede Woche ein Kapitel vor. Denn so trainieren Sie die neuen Lebensgewohnheiten Schritt für Schritt, ohne sich zu überfordern oder den Spaß daran zu verlieren. Denn die PfundsKur macht Spaß.

Ernährung und Bewegung – die ideale Kombination

Zu Beginn eines jeden Kapitels steht ein Gespräch, in dem sich die beiden „Trainer" Pudel und Schlicht über die Themen der kommenden Woche und ihre persönlichen Erfahrungen unterhalten. Anschließend folgt das Wochenprogramm für das Essverhalten und danach das Bewegungsprogramm für diese Woche. Ernährung und Bewegung sind in jeder Woche jeweils durch eine unterschiedliche Balkenfarbe oben auf der Seite gekennzeichnet. Das soll Ihnen helfen, schneller den gerade gesuchten Teil zu finden.

Tagebuch für Essen & Trinken und Bewegung

Am Ende des Buches gibt es eine Art Beiheft, das Sie als PfundsKur-Teilnehmer unbedingt benötigen. Es ist das „Tagebuch Essen & Trinken" im ersten und das Bewegungstagebuch im zweiten Teil. Darin sind Listen und Formblätter enthalten, in denen Sie zunächst Ihre Essgewohnheiten sowie Ihr Aktivitätsniveau festhalten können. Anschließend finden Sie Informationen und Tabellen, die wichtig sind, um die anstehenden Aufgaben auszuführen.
Wir wünschen Ihnen nun einen guten Start und viel Spaß und Erfolg bei der PfundsKur.

Die PfundsKur-Autoren

Volker Pudel

Prof. Dr. Volker Pudel ist seit Beginn dieser Präventionsaktion von SWR1 und AOK im Jahr 1989 wissenschaftlicher Leiter der PfundsKur. Deutschlands bekanntester Psychologe für Essen und Trinken leitet die ernährungspsychologische Forschungsstelle der Universität Göttingen und beschäftigt sich seit über 30 Jahren mit dem Essverhalten von Erwachsenen und Kindern und den Ursachen von Übergewicht, Magersucht und anderen Ess-Störungen.

Viele Jahre war er Präsident und Vizepräsident der Deutschen Gesellschaft für Ernährung. Nationale und internationale Preise sowie unzählige Publikationen haben ihn und seine Arbeit bekannt gemacht.

Wolfgang Schlicht

Dr. Wolfgang Schlicht ist Professor für Sportwissenschaft und Direktor des Instituts für Sportwissenschaft der Universität Stuttgart. Von ihm liegen zahlreiche Veröffentlichungen zum Zusammenhang von sportlicher Aktivität und körperlicher und seelischer Gesundheit vor. Wolfgang Schlicht ist Mitglied nationaler und internationaler Vereinigungen der Sportwissenschaft und der Psychologie. Er ist Herausgeber und Autor diverser Bücher zur Sportpsychologie und wissenschaftlicher Beirat einer gesundheitspsychologischen Zeitschrift. Vor Beginn seiner wissenschaftlichen Laufbahn war er Leichtathletik-Trainer beim TV Wattenscheid und Trainer der deutschen 4 x 100-Meter-Staffel.

Ralf Brand

Dr. Ralf Brand ist Psychologe und Sportwissenschaftler an der Universität Stuttgart. Seine Arbeitsschwerpunkte am Institut für Sportwissenschaft liegen bei sportpsychologischen Themen wie z. B. der Förderung gesunden Verhaltens im Alltag oder der Stressbewältigung von Sportlern. Den direkten Kontakt zum Sport erhält er sich als aktiver Bundesliga-Schiedsrichter im Basketball und als Lehrender in den sportpraktischen Ausbildungsfächern Basketball, Klettern und Snowboard.

Dieter Bubeck

Dr. Dieter Bubeck ist wissenschaftlicher Mitarbeiter am Institut für Sportwissenschaft der Universität Stuttgart mit den Arbeits- und Forschungsschwerpunkten Trainingswissenschaft und Biomechanik. Besonderes wichtig ist ihm sein wissenschaftliches Spezialgebiet: die Analyse von Auswirkungen sportlicher Belastungen auf den menschlichen Organismus und deren Umsetzung in der Sportpraxis. Seine Ausbildungsfächer an der Universität Stuttgart sind Ski alpin und Konditionstraining.

INHALT

Start frei zur PfundsKur

Bewusster essen und regelmäßig bewegen für mehr Lust auf Leben

Volker Pudel Herzlich willkommen bei der PfundsKur 2003, lieber Herr Schlicht. Ich freue mich, dass wir jetzt auch das Thema Bewegung als Schwerpunkt in der PfundsKur haben. Besonders freue ich mich, dass gerade Sie – sozusagen als Partner – für unsere Leserinnen und Leser das Bewegungstraining darstellen. Warum ist beim Abnehmen die Bewegung eigentlich so wichtig?

Wolfgang Schlicht Die richtige Alltagsbewegung ist ebenso wichtig wie das richtige Essen. In Deutschland gehen die meisten Menschen nicht mehr als zwei Kilometer in der Woche zu Fuß. Wer aber ständig sitzt, der setzt „laufend" an. Die Muskeln verkümmern und an ihrer Stelle bilden sich Fettpolster.

Volker Pudel Und bei Tisch geht es üppiger zu als je zuvor. Unsere Supermärkte sind voll. Es gibt die schönsten Gerichte. Noch dazu recht preiswert, denn heute geben wir im Schnitt weniger als 10 Prozent des Monatseinkommens fürs Essen aus. Vor 40 Jahren kostete uns das tägliche Brot noch 40 Prozent des Einkommens.

Wolfgang Schlicht Richtig, die Schere geht immer weiter auseinander. Nur noch knapp 10 Prozent der Deutschen sind in ihrem Beruf körperlich gefordert. Aber auch in der Freizeit sind wir bequem geworden, sitzen vor dem Fernseher oder dem Computer, fahren mit Bussen oder Autos, anstatt zu Fuß zu gehen.

Volker Pudel Und dabei essen wir „Convenience Food", also „Bequemlichkeitsessen", das nicht einmal mehr zubereitet werden muss, weil es bereits so gut wie fertig ist.

Wolfgang Schlicht Aber diese „Rundum-Bequemlichkeit" fordert ihren Preis. „Wer rastet, der rostet" nicht nur, wie der Volksmund sagt, der riskiert

Die PfundsKur-Gruppe ist bereit …

auch seine Gesundheit. Die Kondition lässt nach und ernährungsabhängige Krankheiten steigen an.

Volker Pudel Mehr als 50 Prozent der Deutschen haben Figurprobleme. Etwa 20 Prozent sind so übergewichtig, dass sie eigentlich sofort behandelt werden müssten.

Wolfgang Schlicht Leider ist das so. Für viele Personen mit Gesundheitsrisiken (z. B. Bluthochdruck, Typ II Diabetes) ist die Gewichtsabnahme mindestens so wirksam, wenn nicht sogar wirksamer als Tabletten und Pillen. Wir Sitzmenschen verbrauchen heute längst nicht mehr 4000 Kalorien am Tag, aber manche essen noch so, als seien sie körperliche Schwerstarbeiter.

Volker Pudel Also empfehlen Sie, sich einen Heimtrainer zuzulegen und damit täglich 2000 Kalorien abzustrampeln?

Wolfgang Schlicht Das ist keine wirklich intelligente Lösung! Tausende solcher Geräte stehen unbenutzt im Keller oder in der Garage. Außerdem schafft es ein normaler Bundesbürger nicht, 2000 Kalorien am Tag als Bewegungsenergie zu verbrauchen. Selbst für eine Woche ist dieses Ziel für die allermeisten zu hoch angesetzt.

Volker Pudel 2000 Kalorien sind allerdings schnell gegessen …

Wolfgang Schlicht … und nur durch große Anstrengung mit körperlicher Bewegung zu verbrauchen. Ich habe da ein besseres Konzept.

Volker Pudel Ich auch, denn offenbar beginnt das Abnehmen zunächst mit dem Essen. Wer auf Fett achtet, kann viel leichter viele Kalorien einsparen. Deshalb geht es in der PfundsKur um die Fettaugen im Essen.

Wolfgang Schlicht Und um die Fitti bei der Bewegung. Die unterstützen die Gewichtsabnahme und sind unentbehrlich, wenn es anschließend darum geht, das Gewicht zu halten. Fitti arbeiten gegen den „Jojo-Effekt".

… Fettaugen einzusparen und Fitti zu sammeln.

Volker Pudel Das ist auch das Besondere bei der PfundsKur. Sie hat nur einen Anfang, aber sie endet nie. Unser Training dauert zehn Wochen, aber dann geht es weiter mit Fettaugen und Fitti – damit die dicke Chance für die schlanke Linie auch dauerhaft genutzt wird.

Wolfgang Schlicht Unbedingt, denn wer zehn Wochen lang körperlich aktiv wird und dann wieder zur alten Bewegungslosigkeit zurückkehrt, hat nicht wirklich profitiert und nimmt wieder zu.

Volker Pudel Das gilt fürs Essen natürlich auch. Wer Fettaugen zählt und nach zehn Wochen wieder 150 Gramm Fett am Tag verzehrt, muss einfach zunehmen. Darum gibt es nur einen Anfang für die PfundsKur, aber kein Ende.

Wolfgang Schlicht Ich verspreche auch, dass ein bewegtes Leben nicht nur zum Wohlfühlgewicht beiträgt, sondern auch die Leistungsfähigkeit steigert,

Spaß macht und die Lebensfreude erhöht. Im Alltag gibt es unzählige Chancen für mehr Aktivität. Die werden wir gemeinsam aufspüren und nutzen.

Volker Pudel Und es gibt unzählige Möglichkeiten, genussvoll und dennoch figurbewusst zu essen. Das haben Hunderttausende bereits gelernt, die an einer früheren PfundsKur teilgenommen haben.

Wolfgang Schlicht Für die 1. Woche schlage ich vor, sich selbst besser kennen zu lernen. Wir führen ein Bewegungsprotokoll und prüfen, von welchem Aktivitäts- und Fitnessniveau wir starten.

Volker Pudel Da schließe ich mich an, denn schließlich muss auch jeder PfundsKur-Teilnehmer wissen, was er isst und trinkt. Zum Schluss noch eine persönliche Frage, Herr Schlicht. Sind Sie in Ihrem Alltag ein „bewegter Mann"?

Wolfgang Schlicht Das ist die Bekenntnisfrage. Auch ich bin im beruflichen Alltag vorwiegend ein Sitzmensch und dazu zeitlich sehr eingespannt. Deshalb weiß ich, wovon ich rede, wenn ich sage, dass eine Änderung des Bewegungsverhaltens schwer ist! Ich achte sehr darauf, dass ich mich im Alltag möglichst bei jeder Gelegenheit bewege. Und Sie, Herr Pudel?

Volker Pudel Zugegeben, so ganz mobil bin ich bisher noch nicht. Aber auf die Fettaugen achte ich natürlich. Und ein Fahrrad habe ich mir auch schon gekauft. Ich mache Ihr Trainingsprogramm jedenfalls mit.

Wolfgang Schlicht Und ich werde meine Fettaugen bei Tisch beobachten.

Volker Pudel So wünschen wir uns und unseren Leserinnen und Lesern einen guten Start in die erste PfundsKur-Woche!

Volker Pudel
Prof. Dr. Volker Pudel ist Deutschlands bekanntester Ernährungspsychologe. Er leitet die ernährungspsychologische Forschungsstelle der Universität Göttingen und beschäftigt sich seit über 30 Jahren mit den Ursachen von Übergewicht, Magersucht und anderen Ess-Störungen. Viele Jahre war er Präsident und Vizepräsident der Deutschen Gesellschaft für Ernährung. Seit Beginn der PfundsKur von SWR1 und AOK im Jahr 1989 ist er ihr wissenschaftlicher Leiter.

Wolfgang Schlicht
Dr. Wolfgang Schlicht ist Professor für Sportwissenschaft und Direktor des Instituts für Sportwissenschaft der Universität Stuttgart. Von ihm liegen zahlreiche Veröffentlichungen über den Zusammenhang von sportlicher Aktivität und körperlicher und seelischer Gesundheit vor. Er ist Herausgeber und Autor diverser Bücher zur Sportpsychologie und wissenschaftlicher Beirat einer gesundheitspsychologischen Zeitschrift.

Die PfundsKur startet, aber endet nicht

Die PfundsKur-Basis

Die PfundsKur beginnt: Zehn Wochen werden Sie essen, trinken und sich bewegen – um eine gute Figur zu machen. Diese zehn Wochen sind ein Training mit neuen Aufgaben und mit neuen Erfahrungen. Danach werden Sie sich weiterhin PfundsKur-wohl fühlen. Denn die PfundsKur hat nur einen Anfang – aber nie ein Ende. Die PfundsKur wird Ihnen Spaß machen, neue Erkenntnisse bringen und Ihnen ein anderes, besseres Lebensgefühl vermitteln. Also, starten wir die PfundsKur – mit einem kleinen historischen Rückblick.

Als Hunger herrschte

Noch 1840 – also noch nicht einmal 200 Jahre her – litt Europa unter einer drastischen Hungersnot. Hunderttausende kamen dabei ums Leben, Hunderttausende flüchteten in die USA. Für uns heute kaum noch vorstellbar, dass in unserer Region Menschen starben, weil sie nichts zu essen hatten.

Hunger aber war immer der schreckliche Begleiter der Menschheitsgeschichte. Jahrtausendelang hat die Natur ihre Programme entwickelt, damit Lebewesen auch die Notzeiten überleben können. Eine ganz geniale Erfindung war dabei das Fettspeicherprogramm, denn sonst wäre die Menschheit schon längst ausgestorben.

Der geniale Fettspeicher

Jede Kalorie, die nicht unbedingt zum Leben gebraucht wird, legt der menschliche Organismus als Energiereserve in den Fettzellen an. 20 Kilogramm Fettreserven, das sind immerhin mehr als 180 000 Kilokalorien, von denen sich knapp 100 Tage leben lässt.

So stimmt es wirklich, dass „Dicke" in Notzeiten etwas „zuzusetzen" haben, um dem Hungertod zu entkommen. Dieses geniale Fettspeicherprogramm der Natur ist – wie wir heute wissen – auch in den Erbanlagen gespeichert. Eineiige Zwillinge, die völlig identische Erbanlagen haben, zeigen auch als erwachsene Menschen eine hohe Übereinstimmung in ihrem Körpergewicht – selbst wenn die Zwillinge getrennt bei verschiedenen Elternpaaren aufgewachsen sind.

Von 20 Kilogramm Fettreserven lässt sich knapp 100 Tage lang leben.

Gute Futterverwerter

Eineiige Zwillinge, die Professor Claude Bouchard in Kanada über 100 Tage lang mit 1000 Kilokalorien täglich überernährte, nahmen höchst unterschiedlich zu: zwischen vier und 14 Kilogramm. Das war der Beweis, dass es „gute" und „schlechte Futterverwerter" tatsächlich gibt. Dass die eineiigen Zwillingspärchen jeweils sehr ähnlich zunahmen, belegt, dass auch die Fähigkeit, schneller oder eher langsam zuzunehmen, in den Erbanlagen gespeichert ist.

Der Körper reguliert das Gewicht

Es gibt heute keinen Zweifel daran, dass das Körpergewicht durch biologische Programme im Organismus reguliert wird. Wer übergewichtig wird, beweist damit offenkundig, dass seine inneren Programme „in Ordnung" sind. Die Fähigkeit zur Fettspeicherung war die geniale Idee der Natur, um der Menschheit eine Überlebenschance zu geben. Diese Chance allerdings wird zum gesundheitlichen Risiko, wenn ihr Vorteil nicht mehr genutzt werden muss. Wenn Notzeiten ausbleiben und volle Supermärkte normal sind.

Schicksal Übergewicht?

Trotzdem ist niemand dem Übergewicht schicksalhaft ausgeliefert! Denn zum Füllen der Fettspeicher gehören immer zwei: erstens das Erbprogramm und zweitens die Umwelt.

In der Nachkriegszeit war Übergewicht so extrem selten wie Herzinfarkte oder Gicht. Die Erbprogramme allerdings waren die gleichen wie heute. Doch einerseits war Schmalhans Küchenmeister und andererseits wurde viel körperliche Aktivität verlangt.

Nicht Übergewicht ist vererbt; die Veranlagung zu Übergewicht ist vererbt.

Wer also Übergewichtige in seiner Familie hat, muss nicht resignieren: Mit richtigem Essen und entsprechender Bewegung nutzt man die dicke Chance für eine schlanke Linie. Das genau will die PfundsKur mit Ihnen trainieren. Sie ist ein Training gegen die biologischen Programme, die nicht wissen können, dass nicht Notzeit, sondern Überfluss herrscht.

Wer ist schuld?

Jahrelang gaben Ärzte, Ernährungsberater, aber auch die Öffentlichkeit den Übergewichtigen die Schuld an ihrem Gewicht. „Die sollen halt weniger essen!"
Man unterstellte ihnen Charakterschwäche und einen labilen Willen. So wiesen auch wissenschaftliche Studien nach, dass Menschen sofort abnehmen, wenn sie nichts mehr essen. Das nährte die Überzeugung von der „Kalorienbilanz" – doch diese „Theorie" stimmt nur auf den ersten Blick.

Was passiert denn, wenn Patienten mit „Null-Diät" behandelt werden? Sie nehmen ab – klar. In einem Monat durchschnittlich 12,5 Kilogramm. Doch als Ulmer Ärzte genau analysiert haben, worauf dieser Gewichtsverlust zurückgeht, wurde die Schuldtheorie aufgeweicht. Die 12,5 Kilogramm kamen zustande durch 43 Prozent Fett- und 37 Prozent Muskelabbau sowie 20 Prozent Wasserverlust.

Der Körper sichert Überleben

Selbst unter absoluter Notzeit einer Null-Diät zehrt der Körper nicht sofort die Fettreserven auf, sondern „ernährt" sich zu einem großen Teil vom Eiweiß der Muskeln. Das ist übrigens bei vielen „Diäten" der Fall, sodass auch verständlich wird, warum es zum Jojo-Effekt kommt: Der Körper baut Muskeln wieder auf, hält Wasser zurück. Aber, bitte schön, das hat doch mit einer „Schuld" der Übergewichtigen wirklich nichts zu tun.

Das „Reservefett“ an Bauch, Hüften, Po und Oberschenkel ist die Lebensversicherung für karge Zeiten – so sieht das der Organismus. Und wer im Überfluss seine Notreserven abbauen will, darf gerade das nicht tun, für das diese Notpolster von der Natur gedacht sind – nämlich Notzeit spielen.
Alle Kaloriendiäten aber simulieren eine Notzeit, egal ob sie nur 1000 Kalorien liefern oder nur Eier oder Äpfel servieren. So wird der Jojo-Effekt programmiert und die ganze Nation, die millionenfach Diäten durchlitten hat, beweist: Die Deutschen werden immer dicker.

Essen ist Genuss

„Essen hält Leib und Seele zusammen“, sagt trefflich der Volksmund – und er hat Recht. Ohne Nahrungsaufnahme gibt es kein Leben. Damit Menschen auch essen, hat die Natur den Geschmack erfunden, der Nahrungsaufnahme zu einem Erlebnis werden lässt. Im Extremfall sorgt der unangenehme Hunger dafür, dass der Organismus mit Energie versorgt wird. Aber im Schlaraffenland ist bereits der Appetit die treibende Kraft, die uns zum Essen motiviert.

Das Schlaraffenland

70 Prozent aller Deutschen halten sich – was das Essen angeht – für Genießer. Das „gute Essen zu Hause“ rangiert auf Rangplatz 4 in der Reihe aller Lebensgenüsse – nur übertroffen von „Urlaub“ (Platz 1), „Familie“ (2) sowie „Liebe und Sex“ (3). Aber nur bis zum Alter von 32 Jahren; dann drängt sich das „gute Essen“ auf Platz 3 vor.
Essen ist das häufigste Verhalten – mindestens dreimal am Tag wird gegessen. Seit 50 Jahren sind die Supermärkte gefüllt. Über 240 000 verschiedene Lebensmittel sind am deutschen Markt. Kaum 10 Prozent des Einkommens werden heute ausgegeben, um gut zu essen und zu trinken – in den 50er-Jahren zahlten die Verbraucher etwa 40 Prozent ihres Einkommens, um satt zu werden. Heute regiert der Discountpreis im Supermarkt. Essen und Trinken waren nie so preiswert wie heute.

Nur um die 10 Prozent des Einkommens werden heute für Essen und Trinken ausgegeben.

Paradoxe Situation

Das Schlaraffenland ist paradox. Nie waren Lebensmittel sicherer als heute, und trotzdem haben viele Verbraucher Angst vor gesundheitlichen Risiken durch Lebensmittel. Klar, die Schlagzeilen von BSE, Maul- und Klauenseuche oder Nitro-

Nie war die Auswahl größer. Über 240 000 verschiedene Lebensmittel stehen uns heute zur Auswahl.

fen lösen diese Befürchtungen aus – auch wenn es ganz andere, viel nachhaltigere Ernährungsrisiken gibt: das Übergewicht, zum Beispiel.

Paradox auch, dass die Wissenschaft große Fortschritte gemacht hat, aber nun gerade viele Verbraucher auf die Botschaften von selbst ernannten Ernährungsaposteln hören. Da schwärmen sie für Trennkost, obwohl es absolut sinnlos ist, Kohlenhydrate und Eiweiß zu trennen. Die Muttermilch, einziges Lebensmittel, das die Natur für den Menschen konzipiert hat, folgt nicht der Trennkost. Nahrungsergänzungsmittel, Vitamintabletten und manch obskure Angebote mit verlockenden Versprechungen in großflächigen Anzeigen angeboten, lassen viele Leute fragen: Mache ich wirklich alles richtig?

Der „Schlankheitsmarkt“ ist da keine Ausnahme. „Negative Kalorien“ werden verkauft ebenso wie ein Fettmagnet. Meist mit Garantie, doch abnehmen wird mit Sicherheit nur der Geldbeutel.

PfundsKur ist natürlich

Die PfundsKur verspricht weder Wunder noch Abnahmerekorde. Die PfundsKur basiert auf Trainingsregeln, die die moderne Wissenschaft aufgestellt hat. Die PfundsKur ist erprobt und z. B. von der Stiftung Warentest hoch gelobt worden.

Vergessen Sie viele Vorurteile und starten Sie durch. Sie werden erfahren, wie angenehm gut Sie essen und abnehmen können. Schließlich verspricht die PfundsKur Ihnen: Mehr Lust auf Leben. Und genau darauf soll es Ihnen auch ankommen.

Start in die 1. Woche

Vor dem Start in die erste PfundsKur-Woche sind zwei Tests für Sie vorgesehen. Bitte berechnen Sie zunächst mithilfe der

Es gibt drei Diättypen:

1. Die Kaloriendiäten
Diese Diäten begrenzen die Gesamtkalorienaufnahme pro Tag. Am verbreitetsten ist die 1000-Kalorien-Diät. Es gibt aber auch 600- oder 800-Kalorien-Diäten. Selbst „FdH“ ist eine Kaloriendiät, die die Energieaufnahme auf die Hälfte der gewohnten Nahrungsaufnahme beschränkt. Mit diesen Diäten kann man abnehmen, doch weil die Kalorien pauschal gekürzt werden, wird man nicht richtig satt, denn die Nahrungsmenge ist zu gering. Dann wird die Diät abgebrochen und das Gewicht geht wieder nach oben.

2. Die Lebensmitteldiäten
Hier werden nur bestimmte Lebensmittel erlaubt, wie Eier, Steaks oder Obst. Natürlich kann man auch mit diesen Diäten abnehmen, doch diese Diäten sind zu einseitig, nicht ausgewogen und erzeugen schnell Überdruss.

3. Die „magischen“ Diäten
Sie basieren meist auf wissenschaftlich nicht geprüften oder gar unsinnigen Vorstellungen, wie der Trennkost oder der Dr.-Atkins-Diät-Revolution. Der Organismus kann sehr wohl Kohlenhydrate und Eiweiß zusammen verarbeiten, sodass die Trennkost nur eine zusätzliche Belastung ohne Wirkung darstellt. Dr. Atkins empfiehlt Fett in jeder Menge, streicht aber die Kohlenhydrate. Keine gesunde Empfehlung und nicht lange durchzuhalten.

Tabelle Ihren Body-Mass-Index und füllen Sie dann die Tests „Essen und Trinken“ auf Seite 16 und „Wie viel kann ich abnehmen?“ auf dieser Seite aus. In den Tests erfahren Sie etwas mehr über sich selbst, was zum Nachdenken anregen wird.

Der Body-Mass-Index

Der Body-Mass-Index ist eine Kennzahl, mit der beurteilt werden kann, ob und gegebenenfalls wie viel Übergewicht Sie haben. Er errechnet sich aus der Formel: Körpergewicht geteilt durch Körpergröße im Quadrat (BMI = kg : m²). Sie können Ihren BMI aber ganz leicht mithilfe der nachfolgenden Grafik bestimmen. Ziehen Sie mit dem Lineal eine Linie von Ihrer Körpergröße (links) zu Ihrem Körpergewicht (rechts). Auf der mittleren Linie können Sie Ihren Body-Mass-Index ablesen.

Body-Mass-Index (BMI)

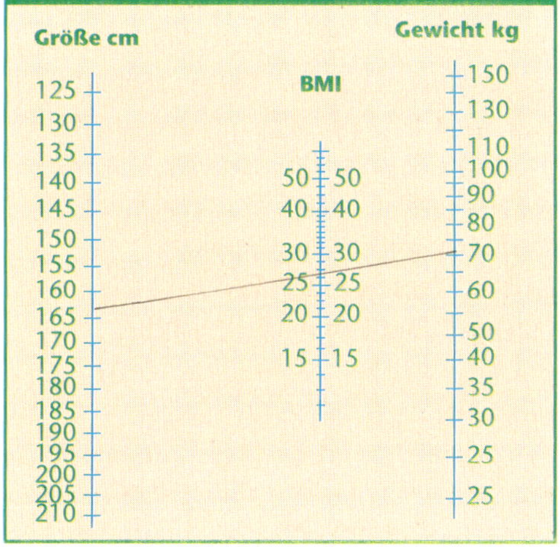

Wie viel kann ich abnehmen?

Fragen zur PfundsKur-Zielvorstellung	Ja	Nein
Liegt Ihr BMI über 30?	1	0
Liegt Ihr BMI unter 30, aber über 25?	10	0
Liegt Ihr BMI unter 25, aber über 20?	15	0
Liegt Ihr BMI unter 20?	25	0
Haben Sie mehr als drei Diäten hinter sich?	3	0
Ist Ihre Mutter übergewichtig?	3	0
Ist Ihr Vater übergewichtig?	3	0
Treiben Sie regelmäßig und aktiv Sport?	3	0
Sind Sie im Alltag viel in Bewegung (z. B. Radfahren, Laufen, Treppensteigen)?	2	0
Sind Sie über 40 Jahre alt?	2	0
Halten Sie sich beim Essen bewusst zurück?	2	0
Gesamtsumme Ihrer „Ja“-Anworten	18	
Die Gesamtsumme wird jetzt von der Zahl 28 abgezogen, also	**28**	
– (Gesamtsumme)	18	
Ihre Zielvorstellung =	10	**kg**

Ihre Zielvorstellung gibt Ihnen einen Anhaltspunkt, wie viel Kilogramm Sie sich für Ihre Gewichtsabnahme während der PfundsKur zumuten können, ohne sich zu überfordern.

Ist Ihre Gesamtsumme größer als oder gleich 28? Dann möchte die PfundsKur Ihnen raten, sich keine konkrete Gewichtsabnahme vorzunehmen. Entweder sind Sie bereits normalgewichtig oder Sie haben viele Punkte angekreuzt, die eine größere Gewichtsabnahme erschweren, weil Sie z. B. bereits körperlich aktiv sind oder schon Sport treiben. Dann können Sie das Pfund „Bewegung“ nicht zusätzlich in die Waagschale werfen. Trainieren Sie das neue PfundsKur-Essen und beobachten Sie, wie Ihr Körper darauf reagiert.

Essen & Trinken

13 Fragen zur Selbsteinschätzung	Ja	Nein
1. Mindestens einmal in der Woche habe ich Süßhunger	X	
2. Mindestens einmal in der Woche habe ich Heißhunger		X
3. Essen ist für mich kein wirklicher Genuss		X
4. Unter meiner Figur leide ich erheblich	X	
5. Wenn ich abnehme, werde ich kaum noch Probleme haben		X
6. Ich muss mehr als 10 kg abnehmen	X	
7. Ich habe schon mehr als drei Diäten hinter mir	X	
8. Mein Selbstvertrauen ist nicht mehr sehr groß	X	
9. Alle Versuche zusammengerechnet, habe ich schon mehr als 20 kg abgenommen und wieder zugenommen		X
10. Ich habe schon körperliche Beschwerden bzw. Risikofaktoren durch Übergewicht (z. B. Bluthochdruck, Diabetes, Gelenkbeschwerden)		X
11. Oft kann ich mit dem Essen einfach nicht aufhören		X
12. Ich esse gerne und oft zwischendurch	X	
13. Mit Kalorien kenne ich mich eigentlich gut aus	X	
	7	6

Bitte zählen Sie zusammen, wie oft Sie bei den 13 Fragen mit „Ja" geantwortet haben.

- [x] Haben Sie mehr als fünf, aber weniger als zehn „Ja"-Kreuze, dann ist die PfundsKur goldrichtig für Sie. Das Training wird auf viele Ihrer „Problempunkte" eingehen und Veränderungen planen.
- [ ] Wenn Sie zehn und mehr „Ja" angekreuzt haben, dann sollten Sie ganz gelassen, aber systematisch mit der PfundsKur starten. Es wird ein langes Training für Sie, viele Merkmale Ihres Essverhaltens erscheinen problematisch. In kleinen Schritten werden Sie jedoch Erfolg haben. Versprochen!
- [ ] Sie haben fünf oder weniger „Ja"-Kreuze? Dann wird das PfundsKur-Training für Sie nicht besonders anstrengend, denn viele Merkmale Ihres Essverhaltens sind unproblematisch.

Egal, wie viele „Ja" Sie angestrichen haben, lesen Sie sich jetzt nochmals Ihre „Ja"-Zeilen durch und überlegen für sich, ob Sie bereits eine Idee haben, wie Sie diese Punkte in der übernächsten Woche ändern könnten. Für die kommende Woche lassen Sie aber bitte alles unverändert, denn es geht um die Basiserhebung mit dem „Tagebuch Essen & Trinken".

Aufgabe 1. Trainingswoche

In der kommenden Woche kommt eine wichtige Aufgabe auf Sie zu. Sozusagen die Basisarbeit. Sie klingt einfach, ist aber nicht ganz so einfach. Denn Ihre Aufgabe lautet: Essen und trinken Sie ganz normal, so wie Sie es bisher gewohnt sind. Diese Basisarbeit dient dazu, Ihre Ausgangssituation zu erkennen. Je genauer Sie sich daran halten, um so mehr Erkenntnisse werden Sie für das weitere Training gewinnen.

Tagebuch führen

Am Ende dieses Buches finden Sie das „Tagebuch Essen & Trinken". In dieses Tagebuch tragen Sie bitte alles ein, was Sie in den kommenden sieben Tagen essen und trinken. Über 100 Lebensmittel und Getränke sind dort aufgeführt. Jeweils dahinter erkennen Sie eine Zeile, in der Sie Ihre Strichliste für diese Lebensmittel führen. Am Anfang müssen Sie sicher häufiger etwas suchen, bis Sie ein bestimmtes Lebensmittel gefunden haben. Aber bald werden Sie sich in Ihrem „Tagebuch Essen & Trinken" sehr gut auskennen.

Denken abschalten!

Bei der Auswahl Ihrer Speisen denken Sie bitte nicht lange nach, sondern wählen genau die, die Sie immer schon gegessen haben. Schließlich soll mit diesem Tagebuch die Basis Ihres Ernährungsverhaltens erfasst werden.

Klar, immer wenn Sie Schokolade essen, könnten Sie bei Vollkornbrot einen Strich machen. Nur, dann wäre die Auswertung völliger Unsinn. Sie selbst bestimmen also in den nächsten sieben Tagen, ob zutreffende oder falsche Informationen gesammelt werden. Geben Sie sich einen Ruck. Es ist Ihr Tagebuch, und Sie wollen mit der PfundsKur gerne abnehmen. Tragen Sie alles ein. Sie werden sehen, dass es sogar Spaß macht.

Austauschliste

Ebenfalls im Tagebuch finden Sie eine Austauschliste, die Ihnen sagt, wie Sie Lebensmittel oder Speisen eintragen, wenn dafür keine spezielle Zeile vorgesehen ist. Wenn Sie Ihre Auswahl auch dort nicht finden, dann entscheiden Sie einfach selbst, welches Lebensmittel oder welche Speise Sie „anstatt" eintragen. Es ist immer besser, irgendein ähnliches Lebensmittel einzutragen, als überhaupt keinen Strich zu machen.

Lebensmittel	Portionsgrößen	Fettgehalt pro Portion (g)	Fett-augen**
Cornflakes, Müsli & Co.			
Hafer-, Getreideflocken		0	
Cornflakes, Weizenflakes etc.		0	
Cerealien (gezuckert, mit Honig/Kakao)		0	
Cerealien (mit Zimt)	1 Port. (30 g)	3	1
Getreidetaschen, gefüllt		0	
Müsli (Früchte, Körner)	3 EL (45 g)	3	1
Müsli (Schoko, Nuss)	3 EL (45 g)	6	2
Müsliriegel (Frucht)	1 Riegel (25 g)	3	1
Müsliriegel (Nuss, Kokos, Schoko)	1 Riegel (25 g)	6	2
Brot & Brötchen			
Brötchen, weiß		0	
Brötchen, Roggen-		0	
Brötchen, Mehrkorn-	1 Stück (60 g)	2	1
Vollkornbrötchen		0	
Laugenbrezel		0	
Camping-, Rosinen-, Schokobrötchen	1 Stück (45 g)	3	1
Croissant	1 Stück (45 g)	12	4
Graubrot		0	
Mehrkornbrot	1 Scheibe (50 g)	2	1
Vollkornbrot		0	
Weißbrot, Toast		0	
Baguette, Fladenbrot, Ciabatta		0	
Knäckebrot		0	
Knusperbrot „leicht & cross", Reiswaffel		0	
Zwieback, eifrei		0	
Beilagen			
Kartoffeln, Salz-, Pell-		0	
Kartoffelpüree	1 Port. (200 g)	3	1
Bratkartoffeln, in Öl gebraten	1 Port. (200 g)	11	4
Klöße, Knödel			
Kartoffelpuffer, in Öl gebraten	1 Stück (50 g)	6	2
Pommes, frittiert	1 Port. (100 g)	9	3
Backofen-Pommes	1 Port. (100 g)	5	2
Kroketten, frittiert	1 Port. (100 g)	8	3
Backofen-Kroketten	1 Port. (100 g)	3	1
Reis, Vollkorn-		0	
Nudeln, Vollkorn-		0	
Spätzle, gekocht	1 Port. (150 g)	6	2
Maultaschen	1 Stück (50 g)	3	1
Hülsenfrüchte			
Erbsen		0	
Linsen, getrocknet		0	
Sojabohnen, getrocknet	1 Port. (60 g)	11	4
Bohnen, getrocknet		0	
Nüsse und Samen			
Nüsse, Samen i. D.*	1 Port. (50 g)	25	8

* i. D. – im Durchschnitt **Die Fettaugenanzahl in der Tabelle ist gerundet.

So, das ist Ihre Aufgabe für die nächste Woche. Es geht noch nicht ums Abnehmen. Denn wer etwas ändern möchte, muss wissen, was geändert werden soll. Darum startet die PfundsKur mit dieser Basisaufgabe. Die Auswertung kommt dann in der nächsten Woche. Bis dahin: Viel Vergnügen an Essen und Trinken mit Tagebuch!

Wenig ist schon viel

Wo starten Sie?

Wenn man ein Ziel anstrebt, dann ist es im Allgemeinen gut, zu wissen, wo man startet. Daher werden wir in der 1. Pfunds-Kur-Woche eine Bestandsaufnahme vornehmen und zunächst Ihr aktuelles Be-

Verhaltensstadium

5 Fragen zu Ihrem Bewegungsverhalten	Stimmt
1. Ich habe bislang noch nicht daran gedacht, mich mehr zu bewegen	
2. Ich denke manchmal darüber nach, dass ich mich mehr bewegen sollte	
3. Ich habe mir bereits vorgenommen, mich mehr zu bewegen und sportlich aktiv zu werden	
4. Ich habe in den vergangenen vier Wochen hin und wieder Sport getrieben	X
5. Ich treibe seit mehr als einem halben Jahr regelmäßig (wenigstens einmal pro Woche für mindestens 15 Minuten) aktiv Sport	X

Verhaltensstadium 1 und 2

Sie haben 1. oder 2. angekreuzt? Wenn Sie noch nicht so recht davon überzeugt sind, dass mehr Bewegung auch Ihnen gut täte, Sie sich mehr Bewegung nicht zutrauen oder lange nicht sportlich aktiv waren, dann haben wir so einiges Wissenswerte für Sie zusammengetragen. Wir möchten Sie davon überzeugen, dass es sich lohnt, aktiver zu werden, dass auch Sie es können, und dass ein Mindestmaß an Fitness mit geringem Aufwand erreichbar ist.

Verhaltensstadium 3 und 4

Trainieren Sie hin und wieder oder haben Sie sich erst entschieden, damit zu beginnen, dann helfen Ihnen die Informationen in diesem Buch, mit Spaß aktiv zu werden, aktiv zu bleiben und aus einem eher sporadischen Sporttreiben ein regelmäßiges zu machen, ohne sich dabei zu überfordern.

Verhaltensstadium 5

Sie treiben bereits regelmäßig Sport? Machen Sie weiter so. Wo Sie sind, da möchten die meisten anderen noch hin. Das Trainingsbuch gibt Ihnen noch einige nützliche Tipps und Tricks, wie Sie „Ihren" Sport „richtig" treiben, und es gibt Antwort auf die Frage, ob er Ihnen hilft, Ihr Gewicht zu reduzieren und zu halten. Außerdem erhalten Sie noch einige Anregungen, wie Sie Ihre Fitness systematisch steigern können.

wegungsverhalten bestimmen. Wir nennen diesen Ausgangspunkt Ihr Verhaltensstadium. Mit ihm hängt der Bewegungsstatus zusammen, der über das Ausmaß der tatsächlichen Alltagsbewegung informiert. Auch darüber sowie zu Ihrem derzeitigen Fitness-Stand werden wir in dieser Woche entsprechende Informationen sammeln.

Den Ausgangspunkt bestimmen

Aus welchem Stadium starten Sie also in die PfundsKur? Lesen Sie die Aussagen im Test auf Seite 18 aufmerksam durch, und ordnen Sie sich nur einer der fünf Kategorien zu.

Bewegungsstatus und Fitness testen

Nachdem Sie festgestellt haben, von welchem Ausgangspunkt Sie Ihr ehrgeiziges Unternehmen starten wollen, soll die 1. Woche dazu dienen, Bilanz zu ziehen. So wie Sie Ihr Gewicht über die Waage bestimmen und Ihren BMI errechnen (Seite 15), so sollten Sie auch Ihren Bewegungsstatus und Ihre Fitness testen. „Der PfundsKur-Bewegungsstatus" (Seite 19 bis 23) und „Die PfundsKur-Fitnessdiagnose" (Seite 24 bis 26) sind zwei wissenschaftlich fundierte Testverfahren, mit denen Sie in dieser PfundsKur-Woche Ihre Aktivität erfassen und Ihre Fitness bestimmen können.

Wie bewegt ist Ihr Alltag? Die 1. PfundsKur-Woche wird Antwort geben.

Der PfundsKur-Bewegungsstatus

Mit diesem Test erfahren Sie etwas über Ihr aktuelles Maß an Alltagsbewegung

	Ja	Nein
1. Sind Sie berufstätig (auch Hausfrau) oder in der Ausbildung?	☒	☐
Wenn „Ja", beinhaltet Ihre berufliche Tätigkeit hauptsächlich:		
sitzende Tätigkeiten (z. B. Büroangestellter, Student)?	☒	☐
mäßige Bewegung (z. B. Handwerker, Hausmeister, Hausfrau)?	☐	☒
intensive Bewegung (z. B. Postzusteller, Wald- oder Bauarbeiter)?	☐	☒

Der PfundsKur-Bewegungsstatus

2. Waren Sie in der vergangenen Woche zu Fuß unterwegs?	**Ja**	**Nein**
a) … auf dem Weg zur Arbeit oder zum Einkaufen usw.? Wenn „Ja", wie lange sind Sie dabei gegangen? Insgesamt ___________ Minuten/Stunden	☐	☒
b) … zum Spazierengehen? Wenn „Ja", wie lange waren Sie vergangene Woche spazieren? Insgesamt ___________ Minuten/Stunden	☐	☒
3. Sind Sie in der vergangenen Woche Fahrrad gefahren?	**Ja**	**Nein**
a) … zur Arbeit oder zum Einkaufen usw.? Wenn „Ja", wie lange sind Sie dabei geradelt? Insgesamt ___________ Minuten/Stunden	☐	☒
b) … auf dem Heimtrainer oder auf Radtouren? Wenn „Ja", wie lange sind Sie dabei geradelt? Insgesamt ___________ Minuten/Stunden	☐	☒
4. Besitzen Sie einen Garten?	**Ja** ☐	**Nein** ☒
Wenn „Ja", wie viele Stunden haben Sie vergangene Woche in Ihrem Garten verbracht? ______ Stunden pro Woche Davon waren ______ Stunden Gartenarbeit und ______ Stunden Ruhe und Erholung		

Der PfundsKur-Bewegungsstatus

	Ja	Nein
5. Steigen Sie regelmäßig Treppen?	☒	☐
1/2 Stockwerke 1 mal am Tag		
6. Sind Sie im vergangenen Monat geschwommen?	☒	☐
Wenn „Ja", wie lange sind Sie geschwommen? Etwa 1/2 Stunden im Monat (reine Schwimmzeit)		
7. Haben Sie im vergangenen Monat Sport getrieben? (z. B. Jogging, Walking, Federball, Fußball, Tennis, Inline-Skaten, Gymnastik etc.)	☒	☐
Wenn „Ja", welchen Sport? *Beispiel:* *1. Inline-Skaten ca. 30 Min. pro Woche* *2. Federball ca. 2 Std. pro Monat* = 1 1/2 St 1. Fitness Training ca. 90 Min./~~Std.~~ pro Woche/~~Monat~~ 2. ________ ca. ____ Min./Std. pro Woche/Monat 3. ________ ca. ____ Min./Std. pro Woche/Monat 4. ________ ca. ____ Min./Std. pro Woche/Monat 5. ________ ca. ____ Min./Std. pro Woche/Monat 6. ________ ca. ____ Min./Std. pro Woche/Monat		
8. Gehen Sie zu Tanzveranstaltungen und/oder kegeln Sie?	☒	☐
Wenn „Ja", wie viel Zeit haben Sie damit verbracht? Tanzen: 1 mal pro Monat, je 2 Stunden Kegeln: ____ mal pro Monat, je ____ Stunden		

Der PfundsKur-Bewegungsstatus

Auswertung des PfundsKur-Bewegungsstatus

		Ihre wöchentliche Aktivität Punkte für			
Frage	**Aktivität**	**15 Min.**	**30 Min.**	**60 Min.**	**Punkte**
2 a)	Wege zu Fuß	0,7	1,5	3	
2 b)	Spaziergänge	0,9	1,7	3,5	
3 a)	Wege mit dem Rad	1	2	4	
3 b)	Radtouren (16–20 km/h)	1,3	3	6	
	Heimtrainer (75 Watt)	1	2	4	
	(100 Watt)	1,4	2,7	5,5	
	(150 Watt)	1,8	3,5	7	
4	Gartenarbeit	0,7	1,5	3	
5	Treppensteigen (Stockwerke pro Tag)	0,5 4 Stockw.	1 8 Stockw.	1,2 10 Stockw.	
	Punkte im Bereich Aktivität:				
Frage	**Sport**	**15 Min.**	**30 Min.**	**60 Min.**	
6	Schwimmen	1,5	3	6	3
7	Walking	1,3	2,5	5	
	leichtes Jogging	1,8	3,5	7	
	schnelleres Jogging	2	4	8	
7	Gymnastik, Krafttraining (oder vergleichbar)	1,1	2,3	4,5	3,4

Auswertung

Der PfundsKur-Bewegungsstatus

		Ihre wöchentliche Aktivität Punkte für			
Frage	**Sport**	**15 Min.**	**30 Min.**	**60 Min.**	**Punkte**
				Übertrag:	____
7	Tennis (oder vergleichbar)	1,5	3	6	____
7	Fußball, Handball, Basketball (oder vergleichbar)	1,8	3,5	7	____
7	Volleyball (oder vergleichbar)			5	____
7	Ski-Langlauf (oder vergleichbar)			8	____
8	Tanzen, Kegeln (oder vergleichbar)	0,7	1,5	3	6
				Punkte im Bereich Sport:	____
				Gesamtpunkte:	12,4

Beurteilung

30 und mehr Gesamtpunkte oder 14 und mehr „Sport"-Punkte	☺	ausreichend aktiv
15–29 Gesamtpunkte	😐	Mindestanforderung erfüllt
weniger als 14 Gesamtpunkte	☹	viel zu wenig aktiv X

(nach dem Freiburger Fragebogen zur körperlichen Aktivität / Frey und Berg)

Der PfundsKur-Fitnessdiagnose

Die PfundsKur-Fitnessdiagnose

Wie gut können Sie folgende Tätigkeiten bewältigen? Bitte geben Sie zu den folgenden sechs Fragen eine spontane Einschätzung ab. Neben jeder Frage finden Sie fünf Antwortmöglichkeiten. Bitte kreuzen Sie die Antwort an, die Ihrer Einschätzung am ehesten entspricht. Es kommt nicht darauf an, dass Sie die Tätigkeit schon oft durchgeführt haben. Es wird auch keineswegs erwartet oder angestrebt, dass Sie all diese oder vergleichbare Tätigkeiten während der PfundsKur durchführen. Im Gegenteil. Es geht wirklich nur darum, eine ungefähre Einschätzung Ihrer körperlichen Ausgangssituation zu ermitteln. Bitte versuchen Sie auch nicht, die Tätigkeiten gleich einmal auszuprobieren. Machen Sie keine Bewegungsexperimente!

Bitte diese Tätigkeiten nicht ausprobieren! Es geht nur um eine ungefähre Einschätzung.

	Können Sie ...	Ich kann diese Tätigkeit nicht	Ich habe große Probleme	Ich habe mäßige Probleme	Ich habe leichte Probleme	Ich habe kein Problem
1	einen schweren Einkaufskorb (ca. 8 kg) über mehrere Etagen tragen?	1	2	3	4	5
2	aus der Rückenlage, ohne Hilfe der Arme den Oberkörper aufrichten?	1	2	3	4	5
3	zwei schwere Koffer über mehrere Etagen tragen?	1	2	3	4	5
4	zwei Kilometer schnell gehen (Walking) ohne zwischendurch auszuruhen?	1	2	3	4	5

Der PfundsKur-Fitnessdiagnose

	Können Sie …	Ich kann diese Tätigkeit nicht	Ich habe große Probleme	Ich habe mäßige Probleme	Ich habe leichte Probleme	Ich habe kein Problem
5	einen Kilometer ohne Pause joggen?	1	2	3	4	5
6	30 Minuten ohne Pause joggen (ca. 5 km)?	1	2	3	4	5

(Test modifiziert nach Klaus Bös u. a.)

Auswertung Ihrer PfundsKur-Fitnessdiagnose

- Addieren Sie zunächst die von Ihnen angekreuzten Ziffern zu den **Fragen 1 bis 3**. Diese Summe sagt etwas aus über Ihre **Kraftfähigkeiten**: 6 **Punkte.**
- Addieren Sie jetzt die von Ihnen angekreuzten Ziffern zu den **Fragen 4 bis 6**. Diese Summe sagt etwas aus über Ihre **Ausdauerfähigkeiten**: 8 **Punkte.**
- Vergleichen Sie nun Ihre **Summenwerte** mit der folgenden Tabelle.

	3 bis 5	6 bis 8	9 bis 14	15
Ihre Summe für die Ausdauer- oder Kraftfähigkeiten	Au weia, jetzt wird's aber dringend Zeit, aktiver zu werden.	Noch ist nichts verloren – aber schieben Sie ein aktiveres Leben nicht auf die lange Bank.	Ist doch ganz ordentlich – jetzt nur nicht inaktiv werden.	Na prima – wollen Sie es nicht einmal mit einem sportlichen Training versuchen?
Bewertung	☹ ☹	☹	😐	☺

Der PfundsKur-Fitnessdiagnose

Was sagen Ihnen die Zahlen der Fitness-Einschätzung?

- **Einschätzung 1 oder 2**
  Sie haben bei den meisten Fragen 1 oder 2 angekreuzt? Dann sind Sie viel zu wenig aktiv oder erfüllen gerade einmal ein Mindestmaß an körperlicher Aktivität. Lassen Sie sich aber nicht entmutigen. Sie haben mit dem Trainingsbuch eine optimale Anleitung, die Ihnen dabei helfen wird, Ihr Fitnessniveau zu verbessern. Dazu sollten Sie aber zunächst unbedingt wissen, ob ernsthafte körperliche Probleme gegen eine sportliche Bewegung sprechen. Das gilt auch dann, wenn Ihre Fitness mangelhaft, der Bewegungsstatus allerdings ausreichend ist. Es könnte sein, dass die Ursache in einer Erkrankung liegt. Machen Sie unbedingt den Gesundheits-Check auf Seite 27, bevor Sie mit einem sportlichen Training beginnen.

- **Einschätzung 3, 4 oder 5**
  Wenn Sie die Fragen in der PfundsKur-Fitnessdiagnose vorwiegend mit 3, 4 oder 5 angekreuzt haben, dann alle Achtung. Sie sind „fit wie ein Turnschuh" und das Trainingsbuch kann Ihnen nur noch wenige Tipps und Tricks verraten. Wenn Sie gleichzeitig im „PfundsKur-Bewegungsstatus-Test" schlecht abgeschnitten haben, dann sind Sie offensichtlich ein sportliches Talent, das man in jüngeren Jahren hätte entdecken sollen. Tatsächlich, das wissen wir heute relativ zuverlässig, ist das maximal erreichbare Fitness-Niveau zu einem beträchtlichen Anteil genetisch bedingt.

Kleine Schritte führen zum Ziele

Auch wenn Sie Lust haben, sofort mit dem Fitness-Training zu beginnen – machen Sie kleine Schritte auf dem Weg zum großen Ziel! Sie werden nicht über Nacht zum Sportler oder zur Sportlerin. Es ist relativ leicht, sich etwas vorzunehmen, aber sehr schwer, es dann auch tatsächlich zu verwirklichen. Deshalb versuchen Sie, in dieser 1. Woche erst einmal festzustellen, wie hoch Ihr Umfang an alltäglicher Aktivität überhaupt ist. In den kommenden Wochen werden Sie diese Aufzeichnung benötigen, um Ihre Bewegungsbilanz gezielt zu erhöhen.

Bewegungstagebuch 1. Woche								aktive Minuten pro Woche
Aktivitätsbeispiel	Montag	Dienstag	Mittwoch	Donnerstag	Freitag	Samstag	Sonntag	
Wege zu Fuß gegangen								
Wege mit dem Rad gefahren								
Spaziergänge								
Radtouren								
Sport getrieben: (z. B. Schwimmen, Gymnastik, Jogging u. Ä.)								
Gartenarbeit								
Tanzen, Kegeln								
Treppen gestiegen								
Rasen gemäht								
oder:								

Aufgabe für die 1. Woche

Führen Sie in dieser Woche Buch über sämtliche körperlichen Aktivitäten. Verhalten Sie sich genau so wie Sie es sonst auch tun, damit Sie eine realistische Ausgangsbasis erhalten. Im Bewegungstagebuch finden Sie auf Seite 21 ein Formblatt, das es Ihnen erleichtert, eine Tages- und Wochenbilanz zu ziehen. Hier können Sie die Minuten eintragen, die Sie körperlich aktiv waren. Am besten, Sie führen das Bewegungstagebuch jeden Abend, immer etwa zur gleichen Zeit. Das Eintragen wird so zur Routine, und Sie vergessen es nicht. Sie müssen Ihre Aktivität aber nicht mit der Stoppuhr kontrollieren. Eine ungefähre Einschätzung reicht.

Gesundheitliche Schwierigkeiten

Gesundheits-Check	**Ja**	**Nein**
Hat Ihr Arzt einmal gesagt, dass Sie mit Ihrem Herz ein Problem haben und nur solche Aktivitäten betreiben sollten, die Ihnen ärztlicherseits empfohlen werden?		
Verspüren Sie öfters Schmerzen in der Brust, wenn Sie körperlich aktiv sind?		
Hatten Sie irgendwann einmal im letzten Monat Brustschmerzen, als Sie sich körperlich betätigt haben?		
Haben Sie Gleichgewichtsprobleme, weil Sie unter Schwindel leiden?		
Verlieren Sie öfter das Bewusstsein?		
Haben Sie ein Knochen- oder Gelenkproblem, das sich durch körperliche Aktivität verschlimmern könnte?		
Nehmen Sie auf Anraten Ihres Arztes Medikamente gegen Bluthochdruck oder Herzbeschwerden?		
Ist Ihnen irgendein anderer gesundheitlicher Grund bekannt, warum Sie lieber nicht sportlich aktiv werden sollten?		

Ergebnis

Haben Sie eine der Antworten mit „Ja" angekreuzt? Dann fragen Sie zunächst bei Ihrem Hausarzt oder Ihrer Hausärztin nach, ob bei Ihnen ernsthafte Gründe gegen ein Mehr an Bewegung sprechen. Haben Sie sämtliche Antworten verneint, dann steht dem Beginn der Bewegungsaktivität eigentlich nichts mehr im Wege. Wenn Sie sich unabhängig von diesem Fragebogen hinsichtlich Ihrer körperlichen Belastungsfähigkeit sorgen, dann sprechen Sie auf jeden Fall mit Ihrem Arzt. Ab dem 35. Lebensjahr zahlen die gesetzlichen Krankenkassen Ihnen einen umfassenden Vorsorge-Check-up.

PfundsKur-Rat:

Ein schlechtes Ergebnis in der PfundsKur-Fitnessdiagnose? Dann sollten Sie unbedingt den Gesundheits-Check machen, bevor Sie mit einem sportlichen Training beginnen.

Von Fettaugen und Fitti

Bewegung im Alltag und Fettaugen kontrollieren

Volker Pudel Die 2. PfundsKur-Woche beginnt. Was haben Sie sich denn für die nächsten sieben Tage vorgenommen, Herr Schlicht?

Wolfgang Schlicht Nun, in dieser Woche erklären wir unser Trainingsprogramm und „bewegen" den Alltag. Zunächst sollen unsere Leserinnen und Leser aber erfahren, dass Gewichtsabnahme sich nicht nur in Kilogramm bemisst, sondern dass es ganz entscheidend darauf ankommt, dass dieses auch wirklich zulasten des Körperfetts geht.

Volker Pudel Wenn ich drei Kilogramm abgenommen habe, dann bin ich aber wirklich drei Kilogramm leichter. Kilo ist Kilo, darum stelle ich mich doch auf die Waage, oder?

Wolfgang Schlicht Die Waage kann eben nur feststellen, dass Sie drei Kilo abgenommen haben, aber nicht, worauf dieser Verlust an Gewicht zurückzuführen ist. Sie können Wasser verloren, Muskeln abgebaut oder Fett eingeschmolzen haben. Das sind bedeutende Unterschiede.

Volker Pudel Ich könnte sogar zugenommen und doch abgenommen haben.

Wolfgang Schlicht Auch das wäre denkbar, wenn Sie Fett eingeschmolzen, aber durch Training Muskeln aufgebaut haben, dann wiegen Sie tatsächlich mehr. Ihre Figur wird aber davon profitieren.

Volker Pudel Wer abnehmen will, der will natürlich Körperfett verlieren und nicht Muskeln. Wer nur Wasser verliert, hat eigentlich auch nicht richtig abgenommen.

Wolfgang Schlicht Genau darauf achten wir bei der PfundsKur. Denn der Erfolg auf der Waage soll ja kein Scheinerfolg sein.

Volker Pudel Zumal, wenn sich anschließend der Jojo-Effekt einstellt und das Ausgangsgewicht mit Zinsen wieder erreicht ist.

Wolfgang Schlicht Richtig, wenn nämlich der Körper die Eiweißkalorien „verspeist", dann schwinden die Muskeln und dadurch sinkt der so genante Ruheumsatz.

Volker Pudel Man verbraucht dann weniger Kalorien und nimmt nicht mehr weiter ab. Darum zählen wir bei der PfundsKur auch keine Kalorien, denn wer z. B. „FdH" macht, hat kaum noch etwas auf dem Teller. Hungern ist die schlechteste Methode, um abzunehmen, weil dann der Körper an das Muskeleiweiß geht.

Wolfgang Schlicht Bei körperlicher Bewegung ist es ähnlich. Mit hochrotem Kopf an die Grenze seiner Leistungsfähigkeit zu gehen, ist grundfalsch. Besser ist Bewegung mit einer moderaten Belastungsintensität, die sich alle zutrauen können, und die dazu auch noch Spaß macht. Wir werden Fitti sammeln, dies ist eine Maßeinheit für Aktivität, die ich für die PfundsKur entwickelt habe.

Volker Pudel Und ich habe die Fettaugen erfunden, damit jeder Fettkalorien sparen, sich aber an Kohlenhydraten satt essen kann. 20 Fettaugen am Tag, das ist eine richtige Menge, die noch viel Geschmack bringt.

Wolfgang Schlicht Überhaupt sollten sich alle Teilnehmer Zeit nehmen. Bei der PfundsKur geht es um langfristige Ziele, die kein Mensch von heute auf morgen erreichen kann.

Volker Pudel Wer zehn Kilo in einer Woche abnehmen will, der programmiert seinen Misserfolg, denn das geht überhaupt nicht.

Wolfgang Schlicht Und wer ab morgen eine Sportskanone sein will, vergisst, dass viele Jahr(zehnt)e eher passiv verlaufen sind. Erfolgreiche Veränderungen brauchen Zeit, aber auch ein Trainingssystem, das Schritt für Schritt zum Erfolg führt.

Volker Pudel Überforderung und Ungeduld sind die häufigsten Faktoren, die Misserfolge verursachen. Darum werden wir uns auch mit diesen psychologischen Bedingungen befassen. Denn Abnehmen beginnt zunächst im Kopf – und erst danach an den Hüften.

Wolfgang Schlicht Das gilt für eine aktive Lebensgestaltung ebenfalls. Im Kopf werden die richtigen Ziele geplant, erst dann folgt die praktische Umsetzung im Alltagsleben. Dabei passieren natürlich „Pannen" und Misserfolge ...

Volker Pudel ... die aber eigentlich keine Misserfolge darstellen, sondern höchstens als Trainingsstillstand zu bezeichnen sind.

Wolfgang Schlicht Sein Verhalten zu ändern, das braucht Geduld und Zeit. Das weiß jeder von seinen guten Vorsätzen zu Silvester.

Volker Pudel Wir werden unsere Leserinnen und Leser gelegentlich daran erinnern. Doch jetzt wünschen wir viel Spaß in der 2. PfundsKur-Woche.

Fettauge

In der PfundsKur werden keine Kalorien gezählt. Stattdessen kontrollieren wir die Fettaugen in unserem Essen. Ein Fettauge ist die Maßeinheit für das Fett in unseren Nahrungsmitteln. Ein Fettauge steht für drei Gramm Fett. Um unser Wohlfühlgewicht zu erreichen oder um es zu halten, sollten wir täglich nicht mehr als 20 Fettaugen zu uns nehmen bzw. in der Wochenbilanz 140 Fettaugen nicht überschreiten. Unterschieden werden gelbe und blaue Fettaugen, denn auch Alkohol wirkt wie Fett, doch dazu später mehr.

Fitti

Die Fitti sind in der PfundsKur die Maßeinheit für Aktivität. Sie sind der positive Gegenwert zu den Fettaugen. Ein Fettauge entspricht drei Gramm Fett. Drei Gramm Fett wiederum sind etwa mit 27 Kilokalorien gleichzusetzen, der herkömmlichen Maßeinheit für Energieverbrauch. Ein Fitti entspricht somit einem Fettauge. Um Fitti zu sammeln muss man keine Sportskanone sein und braucht auch keine besondere Ausrüstung. Fitti sammeln kann jeder – auch im Alltag: z. B. beim Treppensteigen, Spazierengehen oder Radfahren.

Besiegen Sie Ihr Superfatty

Der Start

Sie sind noch dabei? Klar, denn Ihre PfundsKur hat gerade erst begonnen. Und jetzt, in der 2. Woche, beginnt auch Ihre Gewichtsabnahme. Versprochen!

Jahrzehntelang beherrschte ein verhängnisvoller Irrtum die Versuche, an Gewicht abzunehmen: Alles drehte sich um die Kalorie. Mit der Maßeinheit „Kilokalorie" (umgangssprachlich „Kalorie") wird die Energie gemessen, die Nahrungsmittel liefern. So galt die Losung: Je weniger Kalorien aufgenommen werden, umso schneller muss der Körper an Gewicht verlieren, weil er sich den Fehlbetrag aus den Reserven holen muss. Zahllose Diäten wurden erfunden, aber ähnlich waren sich alle in dem einen Punkt: dem Körper möglichst wenig Kalorien liefern! Das aber funktionierte nicht. Der Körper nahm ab, und anschließend nahm er wieder zu. Den Jojo-Effekt kennt jeder, der einmal mit solcher Kalorienbeschränkung abnehmen wollte. Wo liegt also der Denkfehler beim Kalorienzählen?

Ernährung und Bewegung sind Umwelteinflüsse, die Sie selbst bestimmen können.

Statt Schokotrüffel …

Über Kalorien und Kilometer

Kalorien gibt es eigentlich nicht. Genauso wenig wie es Kilometer an sich gibt. Ein Weg, eine Straße oder eine Autobahn haben eine bestimmte Länge, die in Kilometern gemessen wird. Lebensmittel liefern zwar Kalorien, doch es sind immer nur die vier Energie liefernden Stoffe, die die Kalorien in sich haben: Kohlenhydrate, Fette, Eiweiß oder Alkohol.

Beim Autofahren sieht jeder unmittelbar ein, dass es sehr von der Fahrbahn abhängt, wie die Kilometer erlebt werden. Zehn Autobahnkilometer fahren sich meist schneller und bequemer als zehn Kilometer über eine Landstraße. Klar, jeder Kilometer ist exakt 1000 Meter lang, aber dennoch erleben Autofahrer die Kilometer recht unterschiedlich. Gleiches gilt für die Kalorien.

Schokotrüffel oder Bananen?

Da liegen acht Schokotrüffel auf einem Teller – das sind 570 Kalorien. Aber die sechs Bananen auf dem anderen Teller liefern auch 570 Kalorien. Zweimal 570 Kalorien, die sehr unterschiedlich zu essen sind. Die acht Schokotrüffel bieten wenig Masse, machen nicht richtig satt. Sechs Bananen dagegen sind richtig viel, sättigen gut. Nach einer Stunde könnte man wieder acht Schokotrüffel essen, wohl kaum aber wieder sechs Bananen.

Trüffel sind fetthaltig, Bananen liefern Kohlenhydrate. Fett bringt kaum Masse auf den Teller, Fett sättigt nicht gut. Genau das Gegenteil erreicht man mit Kohlenhydraten: gute Sättigung, weil große Mengen gegessen werden.

Auf die Kaloriensorte kommt es an

Es ist also nicht so wichtig, zu erkennen, wie viele Kalorien wir essen, sondern welche Sorte von Kalorien wir zu uns nehmen. Und da gab es vor zehn Jahren eine große Überraschung.

In einer großen Aktion der AOK hatten über 200 000 Teilnehmer ein „Tagebuch Essen & Trinken" ausgefüllt – wie Sie es in der letzten Woche geführt haben. Der Computer wurde mit allen Angaben gefüttert und berechnete dann, wie viel Kalorien die normal-, über- und stark übergewichtigen Teilnehmer im Durchschnitt gegessen und getrunken hatten. Die große Überraschung: kein Unterschied! Übergewichtige konsumieren nicht mehr Kalorien als Normalgewichtige!

Also rechnete der Computer weiter. Aus welchen Quellen stammen die Kalorien?

Der Kalorienmix ist entscheidend

Jetzt zeigten sich riesige Unterschiede. Der Kalorienmix, also die Mischung aus Fett- und Kohlenhydratkalorien, war bei Übergewichtigen – im Vergleich zu Normalgewichtigen – genau umgekehrt.

Normalgewichtige konsumieren weniger als 40 Prozent ihrer Gesamtkalorienaufnahme durch Fettkalorien, dafür essen sie über 50 Prozent Kohlenhydratkalorien. Übergewichtige dagegen liegen mit Kohlenhydratkalorien knapp über 40 Prozent, mit Fettkalorien um die 45 Prozent. Das Ergebnis war eindeutig und ist inzwischen durch viele andere Studien bestätigt worden: Übergewichtige essen mehr Fett und weniger Kohlenhydrate.

Übergewichtige essen weniger

Natürlich haben Übergewichtige Recht, wenn sie behaupten, dass sie nicht besonders viel essen. Klar, wer relativ viel Fett, aber weniger Kohlenhydrate isst, hat wenig Menge auf dem Teller. Eine Bratwurst mit Pommes und Mayo füllt den Teller kaum, obschon 1250 Kalorien gegessen werden. Eine riesige Portion Kartoffeln mit viel Rosenkohl und einem kleinen Schnitzel mit Soße lassen mit ebenfalls 1250 Kalorien den Teller dagegen überquellen.

Kohlenhydrate sind Fitmacher

Da gibt es noch einen Irrtum aufzuklären: Kohlenhydrate, insbesondere Kartoffeln, Nudeln und erst recht der Zucker galten als die Dickmacher. Kohlenhydrate werden im Körper zu Fett umgewandelt, hieß es lange Zeit. „Bitte nichts Süßes", das ist ein Satz, den

Der falsche Weg

Übergewichtige essen mehr Fett, aber sie konsumieren gleichzeitig weniger Kohlenhydrate. Verhängnisvoll, wenn Übergewichtige nun Kalorien zählen und an Kartoffeln, Brot oder Gemüse sparen. Dann verzichten sie noch zusätzlich auf Kohlenhydrate, von denen sie ohnehin bereits zu wenig essen.

...wählen Sie besser Bananen.

alle figurbewussten Menschen kennen. Professor Acheson war der erste, der Studenten mit Riesenmengen an Kohlenhydraten fütterte. Und er analysierte, was im Körper mit diesen Kohlenhydraten passierte. Zweite große Überraschung: Der menschliche Organismus wandelt Kohlenhydratkalorien nicht in Fett um! Kohlenhydrate werden verbrannt, dienen also als Energielieferanten.

Fett ist der „Dickmacher", Kohlenhydrate sind die „Fitmacher".

Schweine sind anders

Die Irrlehre von der Kohlenhydratmast hatte sich aus der Tierernährung eingeschlichen, denn Schweine, Vögel oder Ratten wandeln sehr effektiv Kohlenhydrate in Fett um. So landete diese „Erkenntnis" in den Lehrbüchern zur Menschenernährung. Diesen Umwandlungsprozess von Kohlenhydraten in Fett beherrscht der Menschenkörper zwar auch, aber erst, wenn mehr als 500 Gramm Kohlenhydrate am Tag verzehrt werden.

Trinken statt Essen

Einigen Menschen gelingt es allerdings, 500 Gramm Zucker in vier bis fünf Litern Limo, Cola oder Apfelsaft zu trinken. Dann, aber nur dann, können Kohlenhydrate auch dick machen! Damit ist die wichtige neue Erkenntnis für die langfristige Gewichtsabnahme klar: **Weniger Fettkalorien, mehr Kohlenhydratkalorien.**

Alkohol stoppt die Fettverbrennung und lässt das Fett in die Fettzellen wandern.

DIE FARBE DER KALORIEN

Es gibt vier Kalorienquellen, die zu unterscheiden sind:

- **„grüne Kalorien" = Kohlenhydrate**
  liefern Zucker, Kartoffeln, Gemüse, Brot, Nudeln, Reis
- **„gelbe Kalorien" = Fett**
  liefern Streichfette, Öle, Sahne, Wurst, Käse, Nüsse, Samen
- **„rote Kalorien" = Eiweiß**
  liefern Fleisch, Fisch, Milchprodukte, Eier
- **„blaue Kalorien" = Alkohol**
  liefern alle alkoholischen Getränke

500 Gramm Kohlenhydrate sind in einem Pfund Zucker, einem Kilo Gummibärchen, zwei bis drei Kilo Kartoffeln, Nudeln oder Brot sowie in 40 Äpfeln oder 20 Kilo Blumenkohl. Riesige Mengen, die kaum jemand an einem Tag essen kann.

Was ist mit Eiweiß und Alkohol?

Wer Fett einschränkt und mit Kohlenhydraten liberal umgeht, bekommt „automatisch" die richtige Menge Eiweiß. Das liegt in der Struktur unserer Lebensmittel. So gesehen spielen die Eiweißkalorien für eine Gewichtszu- oder eine Gewichtsabnahme keine Rolle. Anders verhält es sich jedoch mit dem Alkohol. Alkoholkalorien sind zwar keine Fettkalorien; und Alkohol wird im Körper – wie Kohlenhydrate auch – nicht in Fett umgewandelt. Trotzdem nährt sich der Bierbauch aus Fett – und das, obwohl im Bier kein Fett ist.

Alkohol wirkt wie Fett

Es ist etwas komplizierter mit den Alkoholkalorien. Der Körper hat keine Speicher, um Alkohol einzulagern. Darum ist er gezwungen, die Alkoholkalorien, wenn sie getrunken wurden, sofort als Energieträger zu nutzen und zu verbrennen. In dieser Zeit stoppt zwangsläufig die Fettverbrennung, denn die Alkoholkalorien haben Vorrang. So sind die Currywurst zum Bier oder das Verdauungsschnäpschen nach einem fetten Mahl die „geeigneten Mittel", um möglichst rasch zuzunehmen.

Tagebuch Essen & Trinken

Jetzt geht es um die Auswertung Ihres Tagebuches. Und Sie wissen, dass es um das Fett geht. Denn Fett ist der Dickmacher! Zählen Sie zunächst pro Zeile im Tagebuch Ihre Striche zusammen und notieren Sie die Summe in den Kästchen. Fertig? Jetzt möchte ich Sie noch mit den „Fettaugen" der PfundsKur vertraut machen. Üblicherweise sind die Fettaugen gelb, aber es gibt auch „blaue Fettaugen" – Sie wissen schon, das sind die in alkoholischen Getränken, weil Alkohol die Fettverbrennung stoppt.

Striche multiplizieren

Jetzt multiplizieren Sie bitte Zeile für Zeile die errechnete Summe mit der Ziffer, die rechts hinter den Kästchen eingedruckt ist. Das Ergebnis entspricht dann der Anzahl Fettaugen, die Sie bitte in die beiden ovalen Felder eintragen. Ein Taschenrechner wird Sie unterstützen.

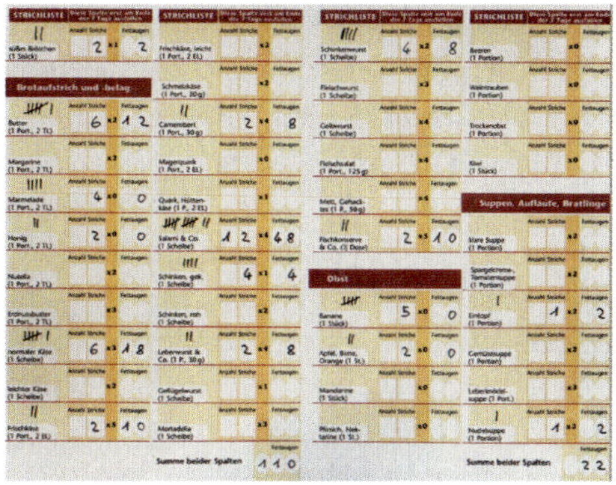

Superfatty feststellen

Damit ist die Auswertung zunächst abgeschlossen. Gehen Sie jetzt Ihr Tagebuch noch einmal durch und stellen Sie fest, welches Nahrungsmittel, Getränk oder welche Speise in Ihrer letzten Woche die meisten Fettaugen geliefert hat.

Ein Fettauge steht für jeweils drei Gramm Fett.

IST FETT GLEICH FETT?

Ja: Für die Auswirkung auf die Figur ist Fett gleich Fett. Hier wirkt das kaltgepresste Distelöl genauso wie das Kokosfett aus der Fritteuse. Jedes Gramm Fett liefert mehr als neun Kilokalorien – gleich welcher Herkunft.

Nein: Ernährungsphysiologisch bewertet sind Fette, die einfach oder mehrfach ungesättigte Fettsäuren enthalten, günstiger als Fette mit gesättigten Fettsäuren. Faustregel: Pflanzenfette (Ausnahme Kokos) haben eher günstigere Fettsäuremuster (z. B. Olivenöl, Keimöl, Rapsöl). Tierische Fette (Ausnahme Fischöl) haben größere Anteile an gesättigten Fettsäuren.

Haben Sie Ihren Spitzenreiter, Ihr „Superfatty“ gefunden? Dann tragen Sie das Lebensmittel bitte hier ein:

Mein Superfatty:

Gibt es einen Gleichstand bei zwei oder drei Lebensmitteln? Dann bitte notieren Sie alle Lebensmittel mit den meisten Fettaugen. Das sind dann Ihre „Superfattys“.

Einmal pro Woche reicht – tägliches Wiegen verwirrt mehr, als es nützt.

Aufgabe für die 2. Woche

In der kommenden Woche startet Ihr Training. Die erste Aufgabe besteht darin, Ihr Superfatty oder Ihre Superfattys zu halbieren, also davon in der ganzen Woche nur noch die Hälfte zu verzehren. Am besten legen Sie sich einen Zettel zurecht, auf dem Sie eine Strichliste für das Superfatty oder die Superfattys führen können – so verlieren Sie die Menge nicht aus dem Blick.
Ansonsten essen und trinken Sie wie bisher, denn das Training soll Ihnen Spaß bereiten, aber Sie nicht überfordern.

Wiegen nicht vergessen

Damit Sie auch den Erfolg Ihres Trainings erleben können, tragen Sie bitte heute Ihr Körpergewicht in die Tabelle auf Seite 129 ein. Wiegen Sie sich allerdings nicht täglich. Ihr Gewicht schwankt, allein schon durch Verschiebungen im Flüssigkeitshaushalt. Das irritiert oft mehr, als es nützt. Am besten ist es, Sie wiegen sich jeden Sonntag nach der Toilette und notieren dieses „Sonntagsgewicht“ in der Tabelle.

Geschafft!

Damit haben Sie für heute alles geschafft. Jetzt geht es sieben Tage um Ihr Superfatty oder Ihre Superfattys. In Ihrem „Tagebuch Essen & Trinken“ finden Sie im zweiten Teil eine Tabelle, die Ihnen die Fettaugen verschiedener Lebensmittel anzeigt. Wenn Sie wollen, dann können Sie sich dort schon einmal informieren. Doch zunächst besiegen Sie Ihr Superfatty. Viel Erfolg dabei!

ZWEI BEISPIELE

- Als Superfatty wurde Butter mit 56 Fettaugen festgestellt. Ziel für die kommende Woche: 28 Fettaugen (14 Portionen Butter).
- Superfattys waren Frikadellen mit 42 Fettaugen und Bier mit ebenfalls 42 Fettaugen. Ziel für die kommende Woche: 21 Fettaugen (3 Frikadellen) und 21 Fettaugen (7 Glas Bier).

Alltagsbewegung in der PfundsKur

Fettbewusst essen – ausdauernd bewegen

Bewegung hilft dabei, sein Wohlfühlgewicht zu erreichen. Eine Gewichtsreduzierung stellt sich dabei zunächst als ein „Bilanzproblem" zwischen Energiezufuhr und Energieausgabe dar: Wenn durch Nahrung mehr Energie zugeführt als vom Körper benötigt wird, dann wird die überschüssige Energie gespeichert und das Gewicht nimmt zu. Wird dagegen weniger Energie aufgenommen als verbraucht wird, dann nimmt das Gewicht ab, weil der Körper auf seine gelagerten Energiereserven zurückgreifen muss.

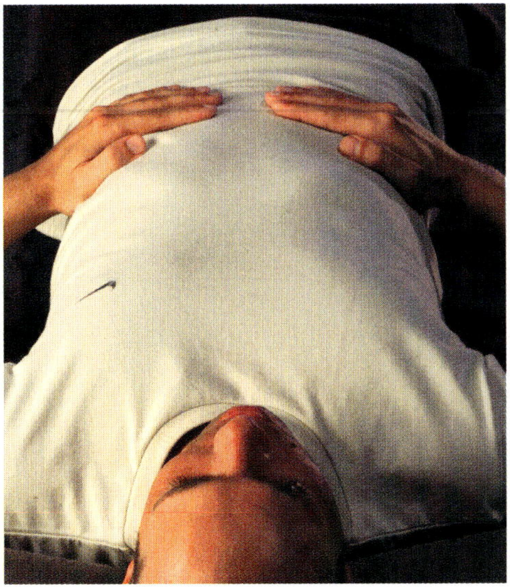

Selbst wenn wir regungslos daliegen, verbrauchen wir Energie – den so genannten Ruheumsatz.

Soll eine Gewichtsreduzierung erreicht werden, muss der Haushalt von Energiezufuhr und Energieausgabe also zugunsten der Energieausgabe verschoben werden. Allerdings ist unserem Körper sehr an einer Vorratshaltung gelegen, sodass man für eine dauerhafte Gewichtsreduzierung auf kluge Art und Weise vorgehen muss. Die folgenden Informationen zum Energieverbrauch Ihres Körpers helfen Ihnen, sich vor langfristig erfolglosen oder gar gefährlichen Strategien der Gewichtsabnahme zu schützen.

Leben braucht Energie

Etwa 60 bis 75 Prozent der Nahrung werden im Laufe von 24 Stunden verbraucht, um die grundlegenden physiologischen Prozesse des Körpers aufrechtzuerhalten. Leben verbraucht Energie, selbst in der Zeit, die Sie schlafend im Bett verbringen. Man nennt dies den Ruhe- oder Grundumsatz. Nach jeder Mahlzeit steigt der Energieverbrauch um etwa 10 bis 15 Prozent an, denn Verdauen kostet zusätzliche Energie. Man spricht hier vom thermischen Effekt der Nahrung.

Man könnte nun auf den Gedanken kommen, die Zunahme des Körpergewichts einfach dadurch zu vermeiden, indem

Ein Bespiel für den Ruheumsatz

Ein 50-jähriger Mann, 1,80 m groß, mit einem Körpergewicht von 80 kg, verbraucht in 24 Stunden etwa 1800 Kilokalorien.

Bestimmen Sie Ihren Ruheumsatz in 24 Stunden

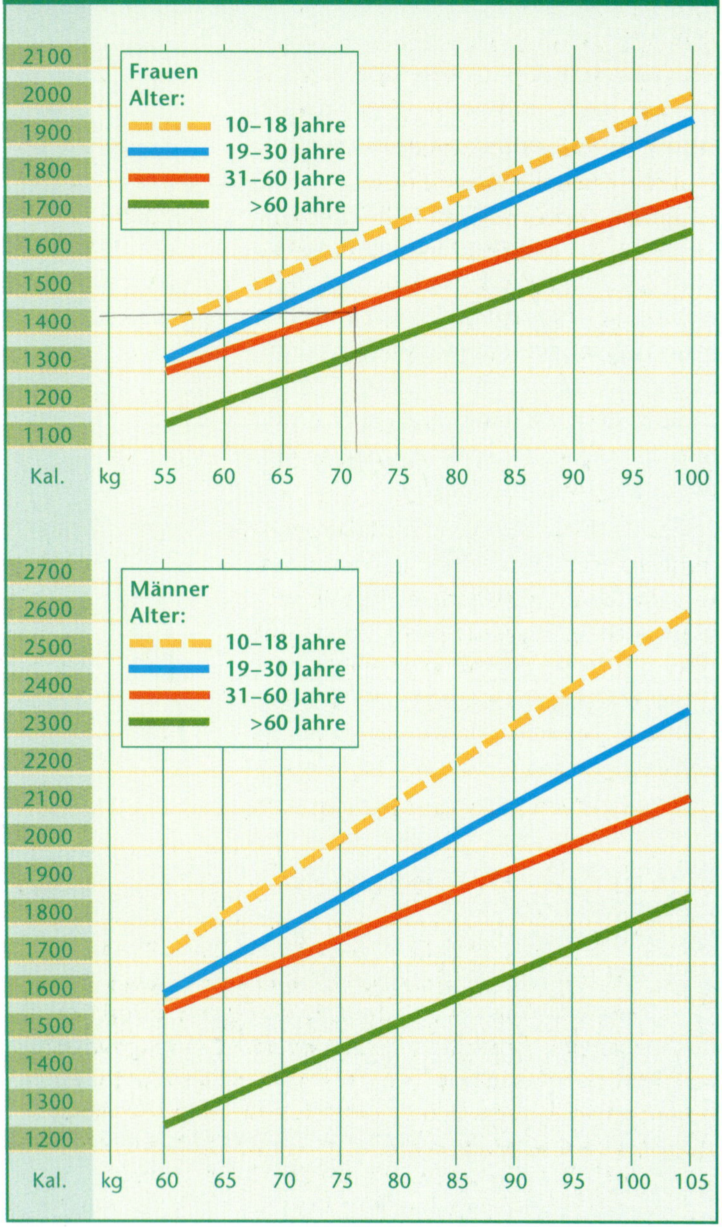

man täglich nur noch den Ruheumsatz plus 10 bis 15 Prozent für die Verdauung der Nahrung zu sich nimmt. Sie werden dann aber alsbald das Bett nicht mehr verlassen können, geschweige denn irgendetwas Vernünftiges arbeiten können. Erwarten Sie nicht, dass Sie sich damit längerfristig etwas Gutes tun oder sich gar wohl fühlen. Sie gefährden stattdessen Ihre Gesundheit. Unser Körper ist nicht dazu geschaffen, bewegungslos zu verharren. Er baut dann Muskulatur ab, büßt die Funktionstüchtigkeit des Herz-Kreislaufsystems ein und wird „die Arbeit" verweigern. Der Körper will gefordert werden und dazu benötigt er Energie.

Bestimmen Sie Ihren Ruheumsatz

Wählen Sie das für Ihr Geschlecht passende Schaubild aus. Zeichnen Sie von Ihrem Körpergewicht aus eine senkrechte Linie nach oben, bis Sie auf die Ihrem Alter entsprechende Linie treffen. Nun gehen Sie auf dieser Höhe nach links und können dort ablesen, wie viel Kalorien Sie in etwa als Ruheumsatz in 24 Stunden verbrauchen.

Energieumsatz durch Aktivität

Man darf und man sollte auch mehr essen, als durch den Ruheumsatz und den thermischen Effekt der Nahrung wieder verbrannt wird. Beim Verbrauch dieser zusätzlichen Kalorien hilft der Energieverbrauch durch Bewegung, der so genannte thermische Effekt der Aktivität. Dieser liegt durchschnittlich etwa – je nach körperlicher Belastung im Alltag – bei 15 bis 30 Prozent des 24-Stunden-Energieverbrauchs. Im Alltag der meisten Menschen, die in unserem Kulturkreis leben und arbeiten, bewegt sich dieser Umsatz eher an der unteren (15 Prozent) als an der oberen Grenze (30 Prozent). Der thermische Effekt der Aktivität lässt sich aber durch gezielte Bewegung auch bei jenen steigern, die ihre Arbeit sitzend verrichten.

Bewegung hilft Ihnen, Ihre Muskulatur zu erhalten und neue aufzubauen. Auf längere Sicht steigern Sie dadurch auch Ihren Ruheumsatz. Da der Ruheumsatz einen Großteil der aufgenommenen Nahrungsenergie wieder verbrennt, ist der Aufbau von Muskulatur und der Abbau von Körperfett eine wirksame Methode zur Gewichtsstabilisierung. Wir kommen darauf zurück. Nur die Kalorien zu reduzieren, ist dagegen die schlechtere Strategie – der Jojo-Effekt verhindert einen langfristigen Erfolg.

Der Jojo-Effekt

Das Gesamtgewicht eines Menschen ergibt sich (vereinfacht) aus Fettmasse und fettfreier Masse (insbesondere Muskulatur). Bei einer üblichen Diät wird nicht nur Fettmasse – wie gewünscht –, sondern auch Muskulatur reduziert. Das Ergebnis lässt sich zwar bald auf der Waage feststellen, leider kommt es mittelfristig dabei aber zu einem nachteiligen Effekt. Durch die Verminderung der fettfreien Masse (Muskulatur) sinkt nämlich der Ruheumsatz und das, was man dann über das Essen zu sich nimmt, wird wieder in Fett und nicht in Muskulatur angelegt. Die Energiebilanz, die ja eigentlich ausgeglichen sein sollte, wird dadurch noch stärker in Richtung Aufnahme statt Verbrauch verschoben (Jojo-Effekt).

Langfristig erfolgreich ist daher nur eine Strategie, bei der die Muskelmasse erhalten – besser sogar noch erhöht wird – und bei der gleichzeitig die Fettmasse reduziert wird. So arbeitet die PfundsKur!

Aufbau von Muskulatur und Abbau von Körperfett ist die wirksame Methode zur Gewichts-stabilisierung.

Ausdauer und Kräftigung

Aus zahllosen sportmedizinischen Studien weiß man, dass lang andauernde sportliche Bewegungen (Ausdauerbewegungen) vornehmlich Fettsäuren nutzen, um die dafür notwendige Energie aufzubringen. „Lang andauernd" sind dabei etwa Laufbewegungen wie Joggen oder Walken, die man mehr als 25 Minuten betreibt. Im Allgemeinen werden diese sportlichen Aktivitäten nur mit einer mäßigen Arbeitsanstrengung (Intensität)

Ideale Kombination

Verschiedene Studien illustrieren den positiven Effekt der Bewegung, kombiniert mit bewusstem Essen. Das Kombinieren von bewusster Ernährung und körperlich-sportlicher Bewegung reduziert das Gesamtgewicht durch eine Verminderung der Fettmasse und eine wünschenswerte Zunahme der Muskulatur. Diese Tatsachen sprechen für die PfundsKur, die ein überlegtes Essverhalten mit einem dosierten körperlichen Training verbindet.

durchgeführt, da man über den gesamten Zeitraum Energie mobilisieren muss. Um die Fettpolster anzugehen, sind Ausdauerbewegungen ideal.
Kräftige, intensive Bewegungstätigkeiten wie das Krafttraining oder das Sprinten können demgegenüber immer nur kurz aufrechterhalten werden. Diese Bewegungen verbrennen vor allem Kohlenhydrate (z. B. Glykogen). Doch auch sie sind für eine dauerhafte Gewichtsreduzierung von Bedeutung, haben sie doch den wünschenswerten Effekt, dass sie Muskulatur – also fettfreie Masse – aufbauen. Deshalb sind auch kräftigende Übungen in der PfundsKur wichtig.

Ein Fitti entspricht 27 Kilokalorien.

= 1 Fettauge (Energiezufuhr)

7 Fitti pro Woche

Bilanzieren, leicht gemacht

Haben und Soll bestimmen Bilanzen. Das gilt auch für die PfundsKur. Der Konsum von fettreicher Nahrung etwa belastet Ihre Energiebilanz. Sie wird dadurch unausgeglichen und Ihr Gewicht nimmt zu. Wir führen deshalb eine neue „Währung“ ein, die es Ihnen erlaubt, den durch das Essen gesammelten Fettaugen etwas Wirkungsvolles auf der Habenseite entgegen zu setzen. Diese Einheit nennen wir Fitti. Fitti sind der positive Gegenwert zu den Fettaugen. Wie Sie wissen, entspricht ein Fettauge drei Gramm Fett und drei Gramm Fett entsprechen etwa 27 Kilokalorien. Diese 27 Kilokalorien setzen wir mit einem Fitti gleich; somit entspricht ein Fettauge in der Energiezufuhr einem Fitti beim Energieverbrauch.

Bewegungsziele in der PfundsKur

So könnte Ihr PfundsKur-Bewegungsziel in Fitti ausgedrückt lauten: Ihre Fitti-Sammlung von Woche zu Woche zu vergrößern! Sie beginnen mit etwa 7 Fitti pro Woche und steigern die Anzahl kontinuierlich, sodass Sie in der 10. Woche schließlich mindestens 25 Fitti sammeln können! Sie können selbstverständlich auch weniger oder auch gerne mehr Fitti zusammentragen. Wenn Sie jedoch mehr sammeln wollen, achten Sie darauf, Ihren Organismus nicht zu überlasten. Sportliches Training muss langsam und sorgfältig aufgebaut werden.

Häufiger, intensiver oder länger

Eine Steigerung des Energieumsatzes ist auf verschiedene Art und Weise zu erreichen. Sie können sich öfter (Häufigkeit), intensiver (Intensität) oder länger (Dauer) bewegen. Trainierte Personen sind beispielsweise in der Lage, in einer Zeit von vier Minuten 1000 Meter zu laufen (dem entspricht eine Laufgeschwindigkeit von 15 km/h). Sie verbrauchen dabei durchschnittlich 13,1 Kilokalorien pro Minute und sammeln damit 1/2 Fitti pro Minute. Mit einem 15-minütigen Lauftraining hätten trainierte Personen also bereits etwa 7 1/2 Fitti gesammelt. Ihnen dagegen raten wir, wenn Sie bisher noch nicht so aktiv waren, die Intensität zunächst nur sehr zurückhaltend zu steigern und Ihre Fitti-Sammlung vor allem über die Häufigkeit und die Dauer der Aktivität zu vergrößern.

Unsere Empfehlung

Auf lange Sicht empfehlen wir Ihnen, mindestens 1000 Kilokalorien pro Woche zusätzlich zum Ruheumsatz zu verbrauchen, ein Maß, das weltweit von Sportwissenschaftlern als gesundheitswirksames Mindestmaß empfohlen wird. Dem entsprechen etwa 37 Fitti. Für Ihre Herzgesundheit wäre es sogar wünschenswert, wenn Sie 1500 bis 2000 Kilokalorien pro Woche zusätzlich zum Ruheumsatz verbrauchten.

Für alle mit niedrigem Niveau im Bewegungs- und Fitnessstatus sind aber selbst die 1000 Kilokalorien kein Maß, das von heute auf morgen zu erreichen ist. Lassen Sie sich Zeit. Untrainierte Personen brauchen etwa 15 bis 20 Wochen, bis sie in der Lage sind, dieses Maß zu erreichen. Ihr Körper muss sich an ein Mehr an Bewegung erst nach und nach gewöhnen. Wenn Sie zu schnell steigern, überfordern Sie Kreislauf und Muskulatur und nehmen sich den Spaß am Sport.

Zwei Varianten für Ihr Fitnessprogramm

Wir bieten Ihnen für die folgenden zehn Wochen zwei Varianten an, mit denen Sie Ihr selbst gesetztes Aktivitätsziel erreichen können:

- **Minifit:**
  Diese Variante ist der Weg, der Sie „mindestfit" macht. Hierbei können Sie Fitti sammeln, indem Sie sich vornehmen, eine bestimmte Zeit pro Tag oder pro Woche körperlich aktiv zu sein. Um auf mehr Fitti zu kommen, müssen Sie entweder die Aktivitätszeit erhöhen oder Aktivitäten wählen, die mehr Energie verbrauchen.

Sport soll Spaß machen. Seien Sie geduldig und überfordern Sie sich nicht.

Ist Ihre verfügbare Zeit sehr eingeschränkt, dann haben Sie sowohl bei dieser als auch bei der nächsten Variante nicht viele Möglichkeiten der Aktivitätssteigerung. Aber selbst wenn Sie nur zehn Minuten pro Tag investieren können und die vorgegebenen Fitti-Ziele nicht ganz erreichen, lohnt sich das. Denn wenig Aktivität ist immer noch besser als jede Inaktivität. Wer ständig sitzt, setzt nicht nur laufend an, der gefährdet auch seine Gesundheit.

Wer ständig sitzt, gefährdet seine Gesundheit.

- **Training:**
  Die zweite Variante ist der Weg, der Sie zum sportlichen Training führt und „trainingsfit" macht. Sie geben hier

nicht die Zeit, die Sie für Bewegung aufwenden können, sondern die Fitti vor, die Sie pro Woche sammeln wollen. Sie können dann eine Aktivität auswählen oder – noch besser – Sie folgen unserem jeweiligen Aktivitätsvorschlag und bestimmen dann die Minuten, die Sie pro Woche trainieren müssen, um die geplanten Fitti zu sammeln. Wir nennen diese Variante Trainingsvariante.

Jede Aktivität lohnt sich

Wir gehören nicht zu den „Fitness-Jüngern", die Ihnen vormachen wollen, unter einem Mehrverbrauch von 2000 Kilokalorien – das entspricht ungefähr 74 Fitti – pro Woche brauche man gar nicht erst mit dem Sporttreiben zu beginnen. Seien Sie sicher: Jedes Mehr an Aktivität lohnt sich! Sie müssen nicht wie besessen durch die Gegend rennen und ein schlechtes Gewissen haben, wenn Sie stehen geblieben sind, um die wunderschöne Aussicht zu genießen oder einen kurzen Plausch mit einem netten Bekannten zu führen.

Treppensteigen lohnt sich. Schon täglich sechs Minuten erhöhen die Lebenserwartung.

Der Wert körperlicher Aktivität hängt auch nicht davon ab, dass Sie einen modischen Jogginganzug tragen, sich ein teures Sportgerät zulegen, ständig Hanteln stemmen und sich körperlich bis zur Erschöpfung verausgaben. Hausarbeit, Gartenarbeit, Federballspielen, Spazierengehen, Schwimmen, Kegeln, Bowling und vieles andere mehr verbraucht ebenfalls Energie. Schon täglich sechs Minuten Treppensteigen verlängern das Leben im statistischen Durchschnitt um zwei Jahre, wie man im renommierten New England Journal of Medicine nachlesen kann.

Auf welchem Weg Sie Ihr selbst gesetztes Aktivitätsziel erreichen, überlassen wir Ihnen. Damit Sie in keine Sackgasse laufen oder einen Weg wählen, der Sie vom Ziel wegführt, schlagen wir Ihnen vor, in den ersten PfundsKur-Wochen der von uns aufgezeigten Wegstrecke genau zu folgen. Danach kennen Sie das Gelände so gut, dass Sie Ihr eigener Pfadfinder werden und – unterstützt von unseren Vorschlägen und Hinweisen – Ihren eigenen Weg gehen können.

Mehr Bewegung im Alltag

In dieser 2. PfundsKur-Woche beginnen Sie damit, Ihr Maß an Bewegung zu erhöhen. Bei dieser Aufgabe sind vor allem auch Ideenreichtum und Selbstbeobachtung gefordert. Wenn Sie einmal darauf achten, dann werden Sie erstaunt sein, wie viele Hilfsmittel Sie im Alltag einsetzen, um sich scheinbar das Leben „zu erleichtern". Sie benutzen das Auto selbst für kurze Strecken, fahren Fahrstuhl selbst in das zweite Stockwerk, benutzen auch bei wenigen Waren einen Einkaufswagen statt eines Korbs usw. Da durch diese Inaktivität Muskulatur abgebaut und durch die aufgenommene Nahrung Fett einlagert wird, „erschweren" Sie sich längerfristig tatsächlich das Leben, obwohl Sie es sich kurzfristig und vordergründig erleichtern.

Anregungen und Aufgaben

Die folgende Liste enthält einige Tipps, die Sie in dieser Woche umsetzen können. Führen Sie auch hier wieder das Bewegungstagebuch und summieren Sie am Ende der Woche die Minuten, die Sie für die einzelnen Aktivitäten aufgewendet haben.

Es lohnt sich, die Alltagsaktivität zu steigern. Längerfristig gewinnen Sie Gesundheit!

Bewegen Sie Ihren Alltag – für kurze Strecken ist das Fahrrad ideal – aber bitte mit Helm.

TIPPS FÜR ALLTAGSAKTIVITÄTEN

- **Gehen, nicht fahren:** Ich steige eine Haltestelle früher aus und gehe die restliche Strecke zu meiner Arbeit, zu meiner Wohnung zu Fuß.
- **Tragen, nicht fahren:** Ich nehme einen Einkaufskorb statt eines Wagens.
- **Der erste Stock:** Ich gehe zunächst in den ersten Stock und nehme erst dann den Fahrstuhl.
- **Ein paar Meter mehr:** Ich nehme einen Parkplatz, ein Parkhaus, von dem aus ich noch eine Strecke gehen muss, um ins Büro oder zu meiner Verabredung zu kommen.
- **Verdauen:** Ich gehe nach dem Mittagstisch noch fünf Minuten um den Häuserblock.
- **Zeit nehmen:** Wenn ich Feierabend habe, dann gehe ich mindestens noch zehn Minuten spazieren.
- **Stufe für Stufe:** Ich benutze die Treppe und nicht die Rolltreppe.
- **Aufstehen:** Meine Telefonate führe ich im Stehen.
- **Botschaften:** Informationen an meine Kollegen bringe ich – wann immer möglich – persönlich vorbei.
- **Radfahren:** Zu meiner Arbeitsstätte fahre ich mit dem Fahrrad, sofern es das Wetter zulässt.
- **Spielen:** Ich spiele mit meinen Kindern oder meinem Partner Federball.
- **Mini-Spaziergänge:** Ich stehe nach jeder Stunde von meinem Schreibtischstuhl auf und gehe zweimal durch mein Arbeitszimmer oder den Flur entlang.

Kleine Schritte führen zum Ziel

Sich fordern, aber nicht überfordern

Wolfgang Schlicht Hallo Herr Pudel, wie geht es Ihnen mit Ihrem Fahrrad?

Volker Pudel Gut, ich habe es bewegt! Eine Stunde lang durch die Felder. Da habe ich sicher eine Menge Fitti gesammelt.

Wolfgang Schlicht Nicht schlecht, Ihre Radtour. Wir wollen aber nicht nur auf die Fitti schielen, hat es Ihnen denn auch Spaß gemacht? Sie sind ja lange nicht mehr Rad gefahren.

Volker Pudel War ein toller Ausflug! Ich habe meine Frau überredet, mitzukommen. Alleine macht mir Radfahren überhaupt keinen Spaß.

Wolfgang Schlicht Das wird bei den meisten Menschen so sein. Darum stehen auch so viele Fahrräder unbenutzt im Keller herum. Gerade wenn man in die aktive Bewegung einsteigt, dann sollte man das „Geselligkeitsmotiv" anreizen. Gemeinsam kommt erst der richtige Spaß an der Bewegung auf.

Volker Pudel Das ist beim Essen nicht viel anders. Es macht richtig Spaß, wenn die Freunde am Tisch auch über Fettaugen reden und sich entsprechende Gerichte bestellen. Aus den Fettaugen kann man ein richtiges Gesellschaftsspiel machen: „Wer hat das leckerste Essen mit den wenigsten Fettaugen auf dem Teller?"

Wolfgang Schlicht Und wer sammelt die meisten Fitti im Alltag! Beim Fitti-Sammeln haben übrigens die Menschen mit mehr Gewicht die besseren Karten, denn sie verbrauchen mehr Energie, weil sie ja schließlich auch mehr Masse in Bewegung setzen müssen.

Volker Pudel Gut zu wissen, doch beim Essen ist Fettauge Fettauge. Unabhängig vom Gewicht. Wer Fett spart, hat seinen Vorteil, egal, wie schwer er oder wie schwer sie ist.

Wolfgang Schlicht Was gibt es denn Neues bei Ihnen in der kommenden Woche?

Sich gemeinsam draußen bewegen macht doppelt Spaß.

Volker Pudel Ich bespreche, warum das Gewicht am Fett und am Alkohol hängt. Warum Kohlenhydrate die Fitmacher, aber nicht die Dickmacher sind. Auch Zucker macht nicht dick!

Wolfgang Schlicht Wirklich? Aber es hieß doch immer, meide den Zucker, der macht dick.

Volker Pudel Natürlich stellt die PfundsKur keine „Zucker-Kur“ dar, aber wir gehen liberal mit süßen Lebensmitteln um. Hauptsache ist, dass Süßigkeiten kein Fett enthalten.

Wolfgang Schlicht Sie heben damit auf die Schokolade ab ...

Volker Pudel ... die in Wirklichkeit keine Süßigkeit, sondern eine Fettigkeit ist. Das werden wir alles besprechen.

Wolfgang Schlicht Dann werden wohl viele Leserinnen und Leser ihre lieb gewonnenen Lebensweisen aufgeben müssen?

Volker Pudel Nein, das wäre grundfalsch. Solche Vorsätze wie „Ab morgen ist alles anders“ programmieren nur den Misserfolg, denn das ganz andere Leben kann nicht von einem Tag auf den anderen beginnen. Das geht immer schief.

Wolfgang Schlicht Das ist mit den Beschlüssen bei der Bewegung genau das Gleiche. Wer sich vornimmt, ab morgen täglich 20 Kilometer Rad zu fahren, hat spätestens am dritten Tag Muskelkater und muss pausieren.

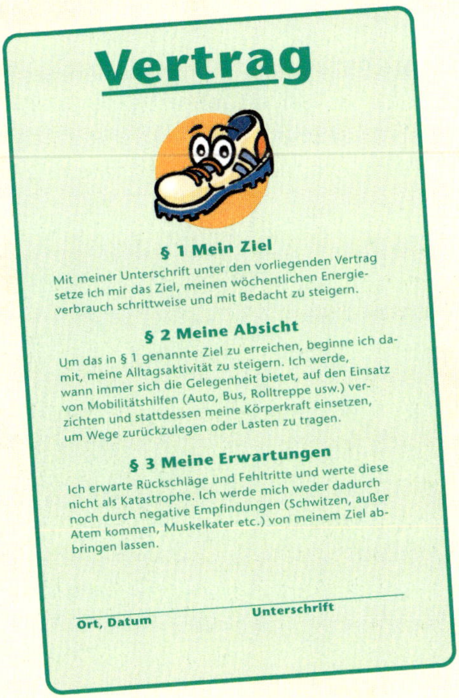

Vertrag

§ 1 Mein Ziel

Mit meiner Unterschrift unter den vorliegenden Vertrag setze ich mir das Ziel, meinen wöchentlichen Energieverbrauch schrittweise und mit Bedacht zu steigern.

§ 2 Meine Absicht

Um das in § 1 genannte Ziel zu erreichen, beginne ich damit, meine Alltagsaktivität zu steigern. Ich werde, wann immer sich die Gelegenheit bietet, auf den Einsatz von Mobilitätshilfen (Auto, Bus, Rolltreppe usw.) verzichten und stattdessen meine Körperkraft einsetzen, um Wege zurückzulegen oder Lasten zu tragen.

§ 3 Meine Erwartungen

Ich erwarte Rückschläge und Fehltritte und werte diese nicht als Katastrophe. Ich werde mich weder dadurch noch durch negative Empfindungen (Schwitzen, außer Atem kommen, Muskelkater etc.) von meinem Ziel abbringen lassen.

Ort, Datum

Unterschrift

Volker Pudel Also beginnen Sie das Bewegungstraining auch ganz langsam und in kleinen Schritten?!

Wolfgang Schlicht Genau, vor all den kleinen Schritten steht aber der Vertrag, den jede Leserin und jeder Leser in dieser Woche unbedingt mit sich selbst abschließen sollte.

Volker Pudel Klingt wie „abschließen müssen“, ist das so wichtig?

Wolfgang Schlicht Ja, die Unterschrift unter den Vertrag ist eine Selbstverpflichtung, damit man sich regelmäßig bewegt, aber sich gleichzeitig nicht überfordert.

Volker Pudel Spannend, aber das gilt für die Planung der Gewichtsabnahme auch.

Wolfgang Schlicht Da können wir vom Sport etwas lernen: Eines der wesentlichen Prinzipien im Sport ist Fairness, also sollte man auch zu sich selbst fair sein und sich nicht überfordern. Auf dem Rad nicht, bei Tisch aber auch nicht.

Volker Pudel Trainieren ist angesagt und z. B. im Selbsttest erleben, dass Streichfett unter der Wurst nicht geschmeckt wird.

Wolfgang Schlicht Und wer erlebt, wie Fitti gesammelt werden, den motiviert dieses Erlebnis. Das unterstützt schließlich unsere Vorsätze und unsere Gedanken.

Volker Pudel Nach dem Motto: Es gibt nichts Gutes, außer man tut es. Also dann, starten wir jetzt in die 3. PfundsKur-Woche der Fettaugen ...

Wolfgang Schlicht ... und der Fitti bei einer Guten-Morgen-Gymnastik.

Sich satt essen und abnehmen

PfundsKur-Tipp:

Ziele nicht zu hoch setzen, denn das programmiert den Misserfolg!

Werden Sie zum Fett-Detektiv

Haben Sie sich schon gefreut, als Ihre Waage Sie belohnt hat? Wenn Sie Ihr Superfatty halbiert haben, ist die erste Abwärtstendenz sicher schon bemerkbar. Nicht viel, aber etwas. Und das ist genau das Ziel der PfundsKur: langsam abnehmen, damit der Körper Zeit hat, sich umzustellen. Damit er nicht die Muskeln abbaut, denn das ist die Ursache für den Jojo-Effekt. Sie wollen Körperfett einschmelzen – und das gelingt nur, wenn Sie weniger Nahrungsfett essen, aber trotzdem satt werden mit Kohlenhydraten.

Nicht das Fett ist das Problem, sondern das Zuviel an Fett.

Fett ist Geschmacksträger

„Kein Fett im Essen“, so werden Sie denken, „dann schmeckt doch nichts mehr.“ Damit haben Sie Recht. Fett ist schon ein toller Stoff, denn viele Aromastoffe sind fettlöslich, wir können sie also nur schmecken, wenn Fett im Essen ist. Die Vitamine A, D, E und K sind ebenfalls nur wirksam, wenn sie mit Fett zusammen aufgenommen werden. Darum gibt die kluge Hausfrau in den Möhrensalat einen Tropfen Öl, damit das Betacarotin (Vorstufe zu Vitamin A) auch wirken kann. Außerdem braucht unser Organismus eine geringe Menge an lebenswichtigen Fettsäuren, die er selbst nicht herstellen kann.

Ohne Fett geht nichts

Das Fett im Essen ist auch nicht das Problem, denn ganz ohne Fett ist unser Essen fade und zudem höchst ungesund.

Von Ernährungswissenschaftlern empfohlen werden einfach oder mehrfach ungesättigte Fettsäuren, die z. B. im Oliven- und Raps- sowie in Keimölen vorkommen. Darin sind auch die lebenswichtigen Fettsäuren enthalten, von denen aber schon knapp 10 Gramm pro Tag völlig ausreichen.

Für das Gewicht ist Fett gleich Fett

Figurprobleme entstehen allerdings völlig unabhängig von der Fettsorte, egal, ob Sie ein (wertvolleres) kaltgepresstes Distelöl oder (ungünstiges) Frittierfett konsumieren. Für die Gewichtsregulation gilt: Jedes Gramm Fett liefert über neun Kalorien. Damit ist Fett eindeutig „Kalorienkönig“, denn Kohlenhydrate

Fett: Auf die Menge kommt es an

Fett mit Augenmaß

- verbessert den Geschmack, weil viele Aromastoffe fettlöslich sind.
- braucht der Organismus für fettlösliche Vitamine und als lebenswichtige Fettsäuren.

Der „Stich Butter im Gemüse“ ist eine kluge Hausfrauenweisheit. Nur: Zehn Stiche Butter schmecken nicht zehnmal so gut.

und Eiweiß bringen es pro Gramm nur auf gut vier Kalorien.
Wenn Sie mit Ihrem Fettspartraining beginnen, werden Sie überwiegend „versteckte Fette“ reduzieren, die meist gesättigte Fettsäuren liefern. Damit konsumieren Sie automatisch mehr einfach und mehrfach ungesättigte Fette, denn ein gutes Oliven- oder Keimöl für den Salat werden Sie weiter verwenden.

Aber schmeckt es denn noch?

Es wird Ihnen mit Sicherheit noch schmecken, denn die PfundsKur streicht Ihnen ja das Fett nicht völlig aus Ihrem Speiseplan. Sie werden versuchen, künftig mit 60 bis 70 Gramm Fett am Tag auszukommen – das ist allemal genug, damit Sie geschmacklich voll auf Ihre Kosten kommen. Sie sind noch nicht überzeugt? Gut, dann starten Sie doch bitte einen Selbstversuch.

Das Geschmacksexperiment

Ohne Butter oder Margarine schmeckt das Brot überhaupt nicht. So denken viele. Dass diese Ansicht allerdings nur bedingt stimmt, können Sie selbst testen. Nehmen Sie sich drei Scheiben Toastbrot (ungetoastet) und streichen Sie auf die erste Scheibe – wie gewohnt – Butter oder Margarine. Auf die zweite Scheibe streichen Sie Cremor (eine Art Frischkäse mit lediglich 0,2 % Fett). Die dritte Scheibe bleibt „natur“. Nun schneiden Sie die drei Scheiben quer und längs durch, sodass jeweils vier gleiche kleine Quadrate entstehen.

Probieren Sie es aus

Bitten Sie jetzt einen netten Menschen, ohne dass Sie selbst zuschauen, die kleinen Quadrate zu belegen: mit Leberwurst, Mettwurst, Frischkäse und Konfitüre – und zwar für jeden „Untergrund“. Dann sollte der nette Mensch Ihnen nach und nach eines der zwölf belegten Quadrate zur Verkostung geben, und Sie müssen blind schmecken, ob Streichfett, Cremor oder „nichts“ auf dem Toast ist.
Unter fettreichem Brotbelag wie Käse oder Wurst werden Sie den „Untergrund“ nicht herausschmecken, denn die geschmacksverstärkende Wirkung durch Fett liefert bereits der Belag. Bei der Konfitüre, die selbst fettfrei ist, werden Sie das Streichfett jedoch erkennen.

Streichfett als „Klebstoff“

Anders als die Franzosen, die ihr Baguette nicht in dünne Scheiben schneiden und darum auch kaum Streichfett benutzen, haben wir uns angewöhnt, unseren Brotbelag mit Streichfett auf dem Brot „anzukleben“, damit er nicht abfällt. Wer fünf Scheiben Brot am Tag isst und jeweils 10 Gramm Butter oder Margarine auf-

Im Durchschnitt…

… konsumiert jeder Bundesbürger mehr als 120 Gramm Fett am Tag. Das ist die Hauptursache für Gewichtsprobleme.

Infobox

Ein Gramm Fett enthält mehr als doppelt so viele Kalorien wie ein Gramm Kohlenhydrate oder Eiweiß.

- 1 g Fett: 9 Kalorien
- 1 g Kohlenhydrate/Eiweiß: ca. 4 Kalorien

streicht, konsumiert allein dadurch pro Jahr schon 18 Kilogramm Fett! Zusammen mit Wurst oder Käse kommt er insgesamt so leicht und locker auf 30 Kilogramm Fett pro Jahr.

Wie viele Fettaugen haben Sie gesammelt?

Nehmen Sie bitte wieder Ihr „Tagebuch Essen & Trinken“ zur Hand. Zählen Sie bitte Seite für Seite die Fettaugen zusammen und tragen Sie die Summe in die Kästchen unten auf jeder Seite ein. Jetzt addieren Sie alle Fettaugen und das Ergebnis teilen Sie bitte durch 7 (weil Sie sieben Tage ausgefüllt haben). Das Ergebnis verrät Ihnen, wie viele Fettaugen Sie pro Tag in dieser Woche gegessen haben.

Meine Fettaugen pro Tag liegen bei:

Trainingsziel vereinbaren

Die PfundsKur empfiehlt Ihnen, jetzt zu trainieren, um schließlich auf 20 Fettaugen pro Tag zu kommen. Ihr Ziel für die nächste Woche hängt davon ab, wie viele Fettaugen Sie gerade ausgerechnet haben. Liegen Sie bei 30 oder mehr Fettaugen, dann sollten Sie in der nächsten Woche versuchen, täglich etwa fünf Fettaugen weniger zu verzehren. Liegen Sie bei 20 bis 30 Fettaugen, dann können Sie sich Ihr Ziel auf 20 Fettaugen setzen.

„Ich liege unter 20 Fettaugen“

Dann haben Sie in der Tagebuchwoche tatsächlich bereits sehr fettkontrolliert gegessen. Bleiben Sie bei 20 Fettaugen pro Tag. Wenn Sie dabei nicht abnehmen, könnten Sie auf höchstens 15 Fettaugen heruntergehen. Weniger ist nicht empfehlenswert, denn eine Mindestmenge Fett braucht der Mensch.

TIPPS: FETTSPAREN IN DER KÜCHE

- Mit Ölzerstäubern (Haushaltswarenhandel) können Sie Oliven- oder Keimöl ganz fein auf dem Salat verteilen.
- Bratfett mit der Kelle abschöpfen oder mit Haushaltskrepp aufsaugen.
- Soßen erkalten lassen und Fettschicht abnehmen.
- Im Haushaltshandel gibt es „Entfettungskännchen“. Daraus wird die Soße abgegossen, das Fett bleibt zurück.
- Beschichtete Pfannen verwenden und einen Hauch Öl mit einem Pinsel auftragen.
- Soßen nicht mit Mehl binden (damit wird auch das Fett gebunden), sondern Gemüse (z. B. Möhren, Sellerie, Zwiebeln etc.) mitschmoren und anschließend pürieren. Gibt eine gute, fettarme Bindung.
- Dressing statt mit saurer Sahne oder Öl mit Joghurt anrühren.
- Mayonnaisen durch fettarme Salatmayonnaisen ersetzen.
- Auf die Ölflasche einen Papierstreifen kleben, Ölstand und Datum eintragen. Gibt einen Überblick über den Verbrauch.

Mein Fettaugen-Ziel für die nächste Woche:

Die Tabelle im „Tagebuch Essen & Trinken“ hilft Ihnen, die Fettaugen für Ihre Lebensmittel und Speisen zu bestimmen. Nach ein paar Tagen haben Sie die Werte im Kopf, sodass die Buchführung nicht mehr lästig ist. Tragen Sie täglich die Fettaugen in die Tabelle (Seite 48) ein.

Ganz wichtig – der Wochenschnitt

Sie sollen aber jetzt bitte kein pingeliger Fettaugen-Buchhalter werden. Also nicht die Fettaugen an einem bestimmten Tag zählen, sondern darauf achten, dass die Wochensumme stimmt. Sie können also „Anleihen“ machen, ein bisschen „auf Kredit“ leben oder sich „Guthaben“ bilden. Wer sich 20 Fettaugen pro Tag als Ziel vorgenommen hat, sollte versuchen, in der kommenden Woche auf 140 Fettaugen (= 7 x 20 Fettaugen) zu kommen. Da dürfen es am Montag auch einmal 26 Fettaugen sein, wenn Dienstag und Mittwoch der „Kredit“ eingelöst wird mit jeweils nur 17 Fettaugen. Hauptsache, die Wochensumme stimmt.

Kohlenhydrate zum sattessen

Wer beim Abnehmen hungert, macht etwas falsch! Dieser Satz stimmt bei der PfundsKur, denn Kartoffeln, Brot, Gemüse, Nudeln, Reis, Obst, Salat und sogar fettfreie Süßigkeiten sind nicht beschränkt: Kohlenhydrate machen fit und nicht dick.
Und auch mit Eiweiß werden Sie ausreichend versorgt werden. Wer Fettaugen kontrolliert und liberal mit Kohlenhydraten umgeht, der konsumiert etwa 60 bis 80 Gramm überwiegend pflanzliches Eiweiß. Das ist allemal genug. Daran müssen Sie nicht mehr denken.

Infobox

Wenig Aufwand, große Wirkung: einfach die Soße in ein Entfettungskännchen einfüllen und wieder abgießen, das Fett bleibt im Kännchen zurück.

Und der Alkohol?

Da werden Sie dann die blauen Fettaugen mitzählen, denn die sind auch in der Tabelle im Tagebuch angegeben. Wenn Sie auch noch etwas essen wollen, werden Sie die blauen Fettaugen sehr im Auge haben. Aber zwingen Sie sich nicht, jetzt nie mehr Alkohol zu trinken, wenn Sie bislang Ihr Gläschen Wein genossen haben. Das ist Ihnen weiterhin gegönnt, wenn Sie die blauen Fettaugen in die Tagessumme einbeziehen.

Fett sparen, aber wie?

Schauen Sie sich in aller Ruhe nochmals Ihr Tagebuch an. Sie erkennen dann, welche Lebensmittel und Speisen bei Ihnen Fettaugen ins Essen (oder in die Getränke) gebracht haben. Überlegen Sie sich, ob es fettärmere Varianten dazu gibt.

Jeder Supermarkt bietet eine Fülle an fettreduzierten Produkten an der Wurst- und an der Käsetheke. Es gibt Halbfettmargarine und Halbfettbutter. Nehmen Sie keine „Diät"-Streichfette, denn die sind nicht fettreduziert!

Beim Käse ist der Fettgehalt i. Tr. deklariert. „i. Tr." heißt: in der Trockenmasse, und das bedeutet, dass man in Gedanken das Wasser im Käse „abziehen" muss. Faustregel: Schnittkäse enthält circa 50 Prozent Wasser, also sind in 100 Gramm Edamer mit 40 % Fett i. Tr. tatsächlich nur 20 Gramm Fett. 100 Gramm Sahnequark mit 40 % Fett i. Tr. haben tatsächlich 11 Gramm Fett.

Anders bei der Wurst, hier wird – wenn überhaupt – der Fettgehalt in Volumenprozent angegeben.

PfundsKur-Tipp:

Je streichfähiger eine Wurst, desto fetter ist sie. Fragen Sie an der Theke nach dem Fettgehalt.

Ausprobieren lohnt sich

Nicht alle fettreduzierten Produkte schmecken gut, aber auch nicht alle schmecken schlecht. Probieren Sie unterschiedliche Marken und Lebensmittel aus, bis Sie mit Fettaugengehalt und Geschmack zufrieden sind.

So, dann liegt eine spannende Woche vor Ihnen, denn Sie werden nun zum Fett-Detektiv. Es ist gerade in deutschen Supermärkten nicht einfach, dem Fett auf die Spur zu kommen. In den USA steht auf jedem Produkt der Fettgehalt!

Warum gerade 20 Fettaugen?

20 Fettaugen entsprechen 60 Gramm Fett. Da jedes Gramm Fett gut 9 Kalorien liefert, kommen somit 540 Kalorien zusammen.

Der „schlanke Mix" – also mehr Kohlenhydrate und weniger Fett – besteht aus 30 Prozent Fettkalorien. Wer insgesamt 1800 Kalorien verspeist (das ist gut zum Abnehmen!), erfüllt genau den „schlanken Mix", denn 540 Kalorien sind 30 Prozent von 1800 Kalorien am Tag. Dabei sind dann gut 1300 Kalorien für Kohlenhydrate und Eiweiß noch frei, genug also, um ausreichend satt zu werden.

Fettaugentabelle 3. Woche

Geplante Fettaugen	
Montag	/
Dienstag	20
Mittwoch	20
Donnerstag	15
Freitag	30
Samstag	25
Sonntag	
Gesamtsumme	
geteilt durch 7	**:7**
Tagesdurchschnitt	

Den Energieverbrauch steigern

Aktivitäten wählen und Fitti sammeln

Energie, die für körperliche Aktivität aufgebracht wird, kann gemessen und in unterschiedlichen Maßeinheiten dargestellt werden. Alle Einheiten verraten etwas über die Intensität der Bewegung, ob sie nun leicht, moderat oder anstrengend ist. Anders als bei den Fettaugen, bei denen beispielsweise eine Bratwurst 14 Fettaugen enthält, egal von wem sie gegessen wird, ist der Energieverbrauch neben der Aktivität auch noch vom Körpergewicht abhängig.

Damit Sie das Ausmaß der Energie bestimmen können, das Sie für eine bestimmte Aktivität aufgewendet haben, sind im PfundsKur-Trainingsprogramm Tabellen vorbereitet, die Ihnen Auskunft über Ihre ganz persönliche energetische Beanspruchung bei unterschiedlichen Tätigkeiten geben.

Energieaufwand in Zahlen – Die METs

Ein Maß, das wir in unseren Tabellen verwenden, heißt Metabolische Einheit oder kurz MET („Multiple of the resting metabolic rate“, auf Deutsch: „das Vielfache des Ruheumsatzes“). 1 MET entspricht dem Energieaufwand, den eine durchschnittliche erwachsene Person einsetzen muss, um aufrecht zu sitzen. Im Sitzen verbraucht der Mensch also 1 MET. METs informieren sehr anschaulich, wie viel Energie wir mehr aufwenden, wenn wir aktiv sind, statt inaktiv. Sie helfen uns dabei, unsere Energiebilanz zu bestimmen, nachdem wir beispielsweise 30 Minuten Rasen gemäht oder eine Stunde Tennis gespielt haben. Die Einheit lässt sich auch für diejenigen, die gerne wissen möchten, wie hoch der Kalorienverbrauch ihrer sportlichen Betätigung war und wie viele Fitti sie gesammelt haben, in Kilokalorien und in Fitti umrechnen (siehe unten stehenden Kasten).

Um Ihnen die Rechenarbeit zu erleichtern, finden Sie im Bewegungstagebuch (siehe Bewegungstagebuch Seite 24/25) eine Tabelle und eine Formel, in die Sie lediglich drei Werte einsetzen müssen, um die Fitti-Menge für Ihre Aktivität zu erhalten.

Der Energieverbrauch hängt vom Körpergewicht ab und muss daher – anders als die Fettaugen – individuell berechnet werden.

Ein Rechenbeispiel

Eine Person mit 80 kg Körpergewicht, die einen 40-minütigen zügigen Marsch (circa 4 bis 5 km/h) hinter sich gebracht hat, hat laut MET-Liste circa 4 METs aufgewendet. Die während des Marschs verbrauchten Kilokalorien errechnen sich dann wie folgt:

(4 METs x 80 kg Körpergewicht) x (40 Min. : 60 Min.)

Das ergibt für die 80 kg schwere Beispiel-Person einen Verbrauch von 213 kcal in 40 Minuten oder circa 8 Fitti (213 kcal : 27 kcal = 7,8 Fitti).

Liste der Aktivitäten

Bei der Umrechnung von METs in Fitti haben wir in unseren Tabellen übrigens etwas großzügig gerundet, denn METs sind nur eine Schätzung der tatsächlichen Stoffwechselrate. Die nachfolgende MET-Tabelle führt eine Reihe von Aktivitäten an und benennt die dabei aufzuwendende Energie. Als von geringer Intensität gelten Bewegungen, die weniger als 3 METs beanspruchen, als moderat solche mit einem Verbrauch von 4 bis 6 METs und als schwer oder stark beanspruchend gelten Aktivitäten mit mehr als 6 METs. Wie die Tabelle zeigt, sind moderat intensive Aktivitäten gar nicht so schwer durchführbar.

Die intensiven Aktivitäten, die mehr als 7 METs beanspruchen, sollten Sie aber erst dann angehen, wenn Ihr sportliches Niveau schon höher liegt. Wir haben sie dennoch angegeben, sodass Sie sehen, wo regelmäßiges sportliches Training Sie hinführen kann.

MET in Kürze

MET ist eine Maßeinheit im Verhältnis zum Sitzen. Im Sitzen verbraucht der Mensch 1 MET.

METs der verschiedenen Aktivitäten

Leichte Aktivitäten/geringe Intensität	**METs**
Sitzende Tätigkeit am Schreibtisch, Verrichten leichter Bürotätigkeit	1,5
Im Stehen telefonieren	1,8
Musikinstrumente wie Flöte, Cello u. Ä. spielen	2,0
Betten machen	2,0
Bügeln	2,3
Kochen	2,5
Minigolf spielen	3,0
Rad fahren (auf dem Heimfahrrad mit 50 Watt)	3,0
Tanzen (Walzer, Rumba, u. Ä.)	3,0
Putzen (im Haushalt)	3,5
Kinderbetreuung (im Haushalt)	3,5
Moderate Aktivitäten	**METs**
Rad fahren (mit weniger als 15 km/h)	4,0
Stretching, Hatha Yoga	4,0
Aquagymnastik	4,0

Umpflanzen, Neupflanzen	4,5
Basketball (Körbe werfen)	5,0
Gartenarbeit (Umgraben)	5,0
Gehen (schnell)	5,0
Wände streichen	5,0
Inline-Skaten (langsam)	5,0
Aerobic (Low impact)	5,0
Kajak fahren	5,0
Rad fahren (Geschwindigkeit höher als 15 km/h)	5,0
Federball spielen	5,0
Spielen mit Kindern (intensive Bewegungsspiele)	5,0
Tanzen (Disco, Folk-, Square-Dance)	5,0
Treppen steigen mit Lasten (circa 20 kg)	5,0
Rad fahren (auf dem Heimfahrrad mit 100 Watt)	5,5
Rasen mähen mit Elektro- oder Motormäher	5,5
Walking (schnelles Gehen) im hügeligen Gelände	6,0
Rasen mähen mit Handmäher	6,0
Schwimmen	6,0
Tennis-Doppel	6,0
Schnee räumen	6,0
Intensive/kräftige Aktivitäten	**METs**
Joggen	7,0
Marschieren mit Gepäck	7,0
Ski-Langlauf (langsam)	7,0
Rad fahren (mit etwa 20 und mehr km/h)	8,0
Fußball spielen	8,0
Schwimmen, schnelles Kraulen in Bahnen	8,0
Tennis-Einzel	8,0

Systematisch steigern

In dieser 3. Woche sollten Sie versuchen, Ihre Bewegungsaktivität nochmals zu erhöhen. Behalten Sie Ihren Vorsatz zu mehr Alltagsbewegung bei und versuchen Sie, Ihre mit sich selbst getroffene Vereinbarung nur dann zu verletzen, wenn es wirklich gravierende Gründe dafür gibt: wenn die Treppe zum ersten Stock wegen Baufälligkeit geschlossen wurde, wenn Sie nur noch wenige Minuten Zeit haben, um einen Termin zu erreichen, der über Ihren Arbeitsplatz entscheidet, wenn es stark regnet oder Ähnliches.

WÄHLEN SIE IHR MOTTO

Wählen Sie aus der folgenden Liste ein Motto aus oder ergänzen Sie Ihren ganz persönlichen Leitsatz:

- Gut gelaufen ist besser als schlecht gefahren
- Wer mehr läuft, sieht mehr von der Welt
- Bewegung ist Leben
- Fit sein ist in
- Wer ständig sitzt, setzt laufend an
- Ihr Motto:

____

____

____

Aktiv in den Tag

Beginnen Sie Ihren Alltag gleich morgens aktiv und tun Sie Ihrem Körper etwas Gutes. Auf der folgenden Seite finden Sie unseren Gymnastik-Vorschlag. Schön wäre es, wenn Sie an mindestens vier Tagen dieser Woche morgens jeweils sechs bis zehn Minuten für sich und Ihren Körper investieren könnten. Führen Sie die Übungen langsam aus und wiederholen Sie jede Übung fünf- bis siebenmal.

Noch ein Rechenbeispiel

Wenn eine 60 kg schwere Person den Rasen mäht und dazu einen Elektrorasenmäher benutzt, (gibt nach der Tabelle 5,5 METs) und 50 Minuten dazu benötigt, beträgt ihr zusätzlicher Energieverbrauch während dieser 50 Minuten also:

- (5,5 METs x 60 kg) x (50 Min. : 60 Min.) = 275 kcal
- 275 kcal : 27 kcal = circa 10 Fitti

Der Geist ist willig ...

Hand aufs Herz! Hatten Sie sich nicht schon öfter vorgenommen, sich im Alltag mehr zu bewegen? Und wurden Sie nicht immer wieder daran gehindert, kam nicht irgend etwas Dringendes dazwischen, sodass Sie dann doch wieder den Fahrstuhl oder die Rolltreppe benutzt haben? Grämen Sie sich nicht. Dieses Problem teilen Sie mit den allermeisten Menschen. Sie sind zwar motiviert, sich mehr zu bewegen – das reicht aber leider nicht aus. Um es zu tun, müssen Sie es wirklich wollen!

Pro und Contra

Möglicherweise haben Sie sich gefragt, ob unsere Vorschläge tatsächlich etwas für Sie sind. Sie müssten, wollten Sie eine Station früher aus dem Bus oder der U-Bahn aussteigen, etwas zeitiger aufstehen; Sie sehen Schwierigkeiten, mit einer schweren Tasche Treppen zu steigen; Sie befürchten, im zweiten Stockwerk anzukommen und außer Atem zu sein. Sie sehen andererseits aber auch die Vorteile: Sie werden fitter und mindern Ihr gesundheitliches Risiko; Sie bilden mehr Muskeln aus und erreichen schneller Ihr Wohlfühlgewicht; Sie steigern Ihre Leistungsfähigkeit und erhöhen Ihre Lebensfreude. Sie wägen also ab und Sie fassen dann den Entschluss, sich auf unsere Vorschläge einzulassen.

Dehnung der seitlichen Muskulatur

Ausgangsposition: Knie und Füße sind leicht nach außen gedreht, die Knie sind etwas gebeugt. Der Bauch ist fest angespannt, der Kopf steht gerade zwischen den Schultern.
Ausführung: Ziehen Sie einen Arm schräg über den Kopf nach oben in Richtung Decke. Der Körper soll dabei lang gestreckt werden. Nehmen Sie die Dehnung wieder zurück und wechseln Sie die Seite. Fünf bis sieben Wiederholungen.
Hinweis: Der Oberkörper bleibt während der Übungsausführung gerade, er kippt weder nach vorn noch nach hinten.

Halbe Kniebeugen

Ausgangsposition: Aufrechter Stand. Die Beine sind leicht gebeugt und die Füße stehen hüftbreit auseinander. Po und Bauch sind fest angespannt, der Kopf ist gerade, in Verlängerung der Wirbelsäule, und die Schultern werden leicht nach hinten genommen.
Ausführung: Setzen Sie sich nach hinten Richtung Bett/Stuhl ab, ohne das Bett/den Stuhl zu berühren. Der Oberkörper wird während der Übung leicht nach vorne geneigt, wobei der Rücken jedoch gerade bleibt. Das Gewicht liegt auf den Fersen, d. h. die Fersen bleiben die ganze Zeit am Boden. In der Endposition sind die Beine im 90°-Winkel gebeugt. Während der Beugung der Beine werden gleichzeitig die Arme nach vorne oben geführt. Fünf bis sieben Wiederholungen.
Hinweis: Ihre Knie sollten sich nicht vor die Fußspitzen schieben.

Guten-Morgen-Gymnastik

Bitte beachten:

Führen Sie alle Übungen langsam aus, und achten Sie auf eine ruhige Atmung. Keine Pressatmung.

Feste Vorsätze

Mit diesem Entschluss haben Sie bereits einen wesentlicher Schritt getan. Sie befinden Sich im Verhaltensstadium nun auf jeden Fall in Kategorie 3 (siehe Seite 18). Wichtig ist jetzt, dass Sie sich an Ihre Absicht binden, indem Sie einen festen Vorsatz treffen! Auch wenn Ihnen das möglicherweise albern erscheinen mag, machen Sie es schriftlich und schließen Sie mit sich selbst einen Vertrag.

Nehmen Sie den Text auf Seite 43 als Beispiel und verpflichten Sie sich vertraglich auf ein von Ihnen selbst gesetztes Ziel. Formulieren Sie dieses Ziel nicht rigide, etwa indem Sie sich vorgeben, ab morgen jeden Tag 30 Minuten spazieren zu gehen. Das wird nicht durchzuhalten sein und ein Scheitern dieser Absicht gefährdet dann ihr langfristiges Ziel: Ihre Fitti-Bilanz in der 10. Woche der PfundsKur!

Kräftigung der Wadenmuskulatur

Ausgangsposition: Suchen Sie sich Halt, etwa an einer Wand oder einem Besenstiel. Die Beine sind etwa schulterbreit auseinander.

Ausführung: Heben Sie sich in den Ballenstand. Strecken Sie dabei die Fußgelenke vollständig. Fünf bis sieben Wiederholungen.

Hinweis: Der Bauch und der Po sind während der ganzen Übung angespannt. Versuchen Sie, die Füße beim Heben in den Ballenstand gerade zu lassen, und achten Sie darauf, seitlich nicht auszuweichen.

Kräftigung der Rücken-, Schulter- und Gesäßmuskulatur

Ausgangsposition: Vierfüßlerstand. Strecken Sie einen Arm und das dazu diagonale Bein aus. Arm und Bein sollten eine waagrechte Linie bilden. Der Fuß wird gebeugt und die Hand wird senkrecht mit dem Daumen nach oben gehalten.

Ausführung: Beugen Sie Ihren Arm und Ihr Bein und führen Sie beide unter dem Körper aufeinander zu. Ellbogen und Knie dürfen sich berühren. Fünf bis sieben Wiederholungen.

Hinweis: Vermeiden Sie in der Ausgangsposition eine Hohlkreuzhaltung. Lassen Sie deshalb den Bauch angespannt.

Ja, ich will ...

Ein Muster des Vertrages in größerem Format finden Sie auf der Rückseite des Bewegungstagebuchs. Füllen Sie ihn aus und schneiden Sie das Formular aus. Der Abschluss von Verträgen ist meist etwas Besonderes, deshalb erledigen Sie diese Aufgabe der Selbstverpflichtung nicht einfach so zwischendurch. Machen Sie einen wichtigen Akt daraus. Vielleicht können Sie ja jemanden einladen, die Unterschrift zu bezeugen. Den von Ihnen unterzeichneten Vertrag hängen Sie gut sichtbar an eine Stelle in Ihrer Wohnung, an der Sie häufig vorbeikommen (vielleicht am Kühlschrank). Lesen Sie ihn immer mal wieder durch und bekräftigen Sie Ihren Entschluss mit einem deutlichen: Ja, ich will!

Kräftigung der Bauchmuskulatur

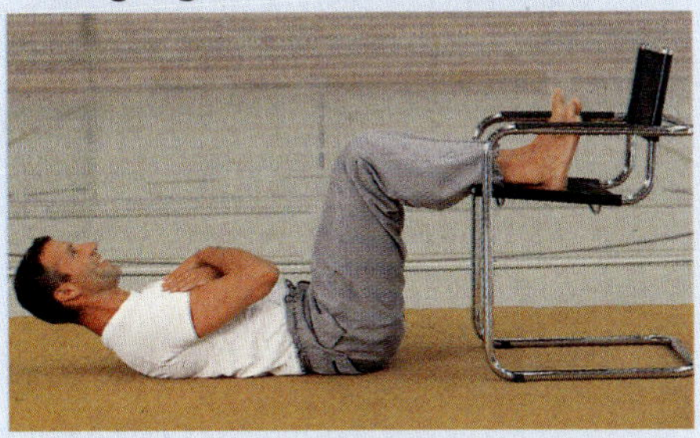

Ausgangsposition: Rückenlage. Füße ruhen auf einem Stuhl oder einem Bett. Die Beine sind im 90°-Winkel ausgerichtet. Die Arme befinden sich verschränkt auf der Brust. Der Rücken wird fest gegen den Boden gedrückt. Der Kopf ist in Verlängerung des Rückens (nicht abknicken); er bildet sogar eher ein Doppelkinn.
Ausführung: Heben Sie Kopf und Schultern vom Boden. Ziehen Sie dabei die Bauchmuskulatur zusammen. Halten Sie die Spannung und senken Sie den Oberkörper dann sanft ab. Fünf bis sieben Wiederholungen.
Hinweis: Legen Sie den Kopf und die Schultern beim Absenken nicht ganz am Boden ab, sondern halten Sie die Spannung.

Gymnastik-Fitti

Die Gymnastikübungen haben eine Intensität von 4 METs. Wie viele Fitti Sie in Ihrer Gewichtsklasse mit 10 Minuten Gymnastik sammeln, entnehmen Sie der nachfolgenden Tabelle. Alternativ können Sie Ihre Gymnastik-Fitti auch mithilfe der Tabelle und der Formel auf Seite 24/25 im Bewegungstagebuch errechnen.

Gewicht (kg)	60	80	100	120
Fitti	1,5	2,0	2,5	3,0

Beispiel für Anhänger der Minifit-Variante

Wenn eine Person mit 80 kg Körpergewicht täglich 15 Minuten Zeit für Bewegung aufwenden kann und sie pro 15-Minuten-Einheit eine Aktivität mit circa. 4,5 bis 5 METs wählt, dann sammelt sie 3 bis 5 Fitti pro Einheit. In einer Woche kommen somit 21 bis 28 Fitti zusammen. Die entsprechenden Aktivitäten entnehmen Sie unserer Liste auf den Seiten 50/51.

Es ist verboten, sich etwas zu verbieten

Jeder wird sein eigener Trainer

Volker Pudel „Ich habe zwei Wochen Diät gemacht", sagt mir eine Frau, „und ich habe 14 Tage verloren". Unsere Leserinnen und unsere Leser sind inzwischen drei Wochen dabei und haben abgenommen.

Wolfgang Schlicht Das hoffen wir doch sehr, lieber Herr Pudel, denn wer Fitti sammelt, verliert Gewicht und gewinnt Fitness.

Volker Pudel Und wer Fettaugen spart und sich dennoch an Kohlenhydraten satt isst, baut ebenfalls Gewicht ab.

Wolfgang Schlicht Die beiden Strategien „anders essen und mehr bewegen" sind eben unverzichtbar. So nimmt die PfundsKur das Gewicht von zwei Seiten in die Zange ...

Volker Pudel ... um Reservepolster abzubauen, weil die Notzeiten ausbleiben. Aber unsere „Zange" ist eher eine weiche Zange, damit keine Wunden entstehen.

Wolfgang Schlicht Richtig, darum biete ich unseren Leserinnen und Lesern auch zwei Trainingsvarianten an. Die Minifit-Variante für alle, die locker und gelassen ihre Alltagsbewegung steigern möchten. Und die Trainingsvariante für die Ehrgeizigen, die mit einem systematischen Training ihre Fitti-Sammlung vervollständigen wollen.

Volker Pudel Beim Essen heißt es weiter: Fettauge sei wachsam. Aber die wichtigste Regel der Pfunds-Kur steht über allem: Es ist verboten, sich ein Lebensmittel zu verbieten.

Wolfgang Schlicht Komisch eigentlich, dass wir Menschen gerade mit Verboten nicht gut klar kommen.

Volker Pudel Wie oft haben sich Menschen schon Schokolade verboten – mit dem Ergebnis, dass sie ab sofort nur noch an Schokolade gedacht haben.

Wolfgang Schlicht Bei Kindern funktioniert das ja auch nicht. Sie trinken am liebsten Cola oder naschen Schokolade, obwohl die meisten Eltern genau das verbieten.

Volker Pudel Da müssen wir also gescheitere Strategien entwickeln, als Verbote auszusprechen. Darum trainieren wir in der 4. Woche unseren Fettaugen-Blick im Supermarkt, denn dort stehen einige Fettfallen herum.

Wolfgang Schlicht Aber im Restaurant doch ebenfalls, oder?

Volker Pudel Na klar, gerade die Gastronomie meint häufig, uns mit fettigen Speisen „verwöhnen" zu müssen. Darum wird in dieser Woche auch das Speisekartenlesen geübt.

Wolfgang Schlicht Beim Stichwort Training fällt mir ein: Jede Leserin oder jeder Leser sollte sich selbst fragen: „Was will ich?" Bewegungsaktivitäten sollten so ausgewählt werden, dass sie Spaß machen. Ich schlage ab dieser Woche einen Stufenplan vor, mit dem man sich vertraut machen sollte.

Volker Pudel Den Entschluss für Minifit- oder Trainingsplan muss aber jeder selbst treffen. Sie geben Ratschläge, doch …

Wolfgang Schlicht … ich entscheide nicht. In der PfundsKur ist jeder sein eigener Trainer, denn jeder kennt sich selbst am besten, kann sich einschätzen und seine eigenen Wünsche umsetzen.

Volker Pudel Eine meiner Kapitelüberschriften zur 4. Woche heißt deshalb auch „Trainerwechsel". Ich übergebe an unsere Leserinnen und Leser …

Wolfgang Schlicht … und Sie stehen als Co-Trainer aber noch zur Verfügung?

Volker Pudel Klar, doch die Entscheidungen müssen unsere Teilnehmer der PfundsKur selbst treffen. Sie sind wirklich für sich selbst verantwortlich.

Wolfgang Schlicht Ich schreibe den Trainingsplan, weiß dass er stimmig ist. Aber welche Variante auf Herrn Müller oder Frau Meier passt und sie nicht überfordert, das können letztlich nur die beiden selbst entscheiden.

Volker Pudel Das ist beim Essen genauso. Ich gebe ein paar Hinweise zu Fast Food, zu Fertiggerichten oder zu den Fettfallen im Supermarkt. Aber einkaufen müssen unsere Leserinnen und Leser schon selbst. Und natürlich beim Griff in das Regal für sich entscheiden, was auf den Tisch kommt.

Wolfgang Schlicht Da gibt es aber doch auch ein Kochbuch zur PfundsKur, oder?

Volker Pudel Klar, ein tolles Kochbuch von Ewald Braden, der wirklich bekannte und beliebte Gerichte „entfettet" hat. Aber nur so weit, dass der Geschmack nicht leidet.

Wolfgang Schlicht Das Kochbuch zur PfundsKur gibt es im Buchhandel?

Volker Pudel Ja, selbstverständlich, aber auch im Lebensmittelhandel. Es lohnt sich für alle, die gerne figurbewusst kochen wollen. Und die anderen steigern mit Minifit ihr Fitti-Konto – ganz locker und gelassen …

Wolfgang Schlicht … oder trainieren nach Plan ihre körperliche Fitness.

Volker Pudel … essen Kohlenhydrate und maximal 140 Fettaugen pro Woche und entscheiden selbst, ob es blaue oder gelbe Fettaugen sein sollen.

Acht Fettaugen statt 16: der Entenbraten zubereitet nach dem Rezept von Ewald Braden.

Der Weg zum „schlanken Mix"

Trainerwechsel

Haben Sie sich schon gewogen? Zufrieden? Haben Sie Ihre Lehre als Fettdetektiv erfolgreich begonnen? Gut, denn in der 4. Woche wechselt die PfundsKur den Trainer – ab heute sind Sie es selbst. Wir stehen Ihnen noch mit ein paar Tipps zur Seite. Aber im Grunde wissen Sie jetzt selbst, worauf es ankommt: Fettaugen kontrollieren, richtig einkaufen, zweckmäßig auswählen, genussvoll essen und langsam, aber dafür dauerhaft abnehmen.

Ziele für die 4. Woche

Versuchen Sie, in der 4. Woche Ihre Ziele der letzten Woche wieder zu erreichen. Sie bestimmen Ihre Fettaugen und notieren sie in der Tabelle. In der 4. Woche sollte es Ihnen gelingen, die Wochenvorgabe tatsächlich zu realisieren. Aber Sie sind jetzt Ihr Trainer. War die Zielvorgabe zu hoch? War sie zu gering? Dann korrigieren Sie bitte Ihr Ziel, denn es ist wichtig, dass Sie Ihr Vorhaben (mit etwas Mühe) auch tatsächlich umsetzen. Sonst schwindet die Lust, und das wollen weder Sie noch die PfundsKur.

Auch bei der PfundsKur ist es wichtig, ausreichend zu trinken: mindestens eineinhalb bis zwei Liter pro Tag.

Fettaugentabelle 4. Woche

Geplante Fettaugen	
Montag	
Dienstag	
Mittwoch	
Donnerstag	
Freitag	
Samstag	
Sonntag	
Gesamtsumme	
geteilt durch 7	**:7**
Tagesdurchschnitt	

Ausreichend trinken

Bisher drehte sich fast alles ums Essen. Doch mindestens ebenso wichtig ist, dass Sie ausreichende Mengen trinken – vor allem, wenn jetzt Ihr Gewicht schmilzt.

Empfehlen möchte die PfundsKur Ihnen Mineralwasser in jeder Form, ob still oder sprudelnd, das bestimmen Sie. Wenn Sie es gerne „mit Geschmack" haben, dann ist Fruchtsaftschorle ein tolles Getränk. Zwei Drittel Mineralwasser, ein Drittel Fruchtsaft, das löscht den Durst.

Bei der Menge heißt es: je mehr, desto besser. Mindestens eineinhalb bis zwei Liter am Tag sollten es sein. An heißen Tagen sorgt schon der Durst dafür, dass Sie noch mehr Flüssigkeit zu sich nehmen. Wer es mag, wird dann auch gerne leicht gekühlte Buttermilch trinken. Kaffee, Tee und Bier wirken harntreibend, darum diese Getränke nur in Maßen genießen.

„Ich schaffe diese Mengen nicht"

Insbesondere ältere Menschen verzweifeln bei dem Gedanken, zwei Liter Flüssigkeit trinken zu müssen. Oft ist bei ihnen das Durstgefühl sehr schwach. Der PfundsKur-Tipp: Nicht bis abends abwarten, denn dann sind zwei Liter Flüssigkeit nicht mehr zu schaffen. Aber wenn die Wasserflasche in der Nähe steht und jede Stunde ein Glas getrunken wird, dann kommt mühelos die ausreichende Menge über den Tag zusammen.

Auswärts essen und Fett sparen?

Das ist leichter gesagt als getan. Denn auf welcher Speisekarte wird der Gast über die Fettaugen informiert? Nirgends, mit Ausnahme der Restaurants, die aktive PfundsKur-Partner sind. In Schnellrestaurants und Imbissbuden ist für fettbewusste PfundsKur-Aktive die Auswahl aber in jedem Fall gering. Brat- und Currywürste, Frankfurter oder Wiener, Pommes, zusätzlich kombiniert mit Mayonnaise, die Pizzaecke, der Döner oder ein Gyros, das alles sind wahre „Fettaugenbringer".

Es ist nichts verboten!

Nichts gegen einen Döner oder ein Frankfurter Würstchen, wenn Sie wissen, wie viele Fettaugen Sie da essen. Gönnen Sie sich gelegentlich (die Betonung liegt aber auf gelegentlich) ruhig eine „Fettbombe", denn wer versucht, konsequent standhaft zu bleiben, isst am Ende mehr als er eigentlich essen wollte. Das werden wir in der nächsten Woche noch genauer besprechen.

PfundsKur-Tipp:

Jede Stunde ein Glas Wasser trinken.

Fast Food für die PfundsKur

Das schnelle Essen zwischendurch oder unterwegs, das können auch die Banane oder der Apfel sein – Kohlenhydrate pur. Kein Problem. Auch das belegte Brot kann herrlich schmecken. Oder der Salatteller mit einem Joghurt-Dressing. Oder eine Portion buntes Gemüse mit ein wenig geschmolzener Butter.
Oder der Quark mit frischen Früchten.
Im Restaurant kann manchmal der Ober bei der Auswahl helfen, wenn er weiß, wie die Küche kocht. Paniertes Fleisch hat immer viele Fettaugen. Sahne- und Buttersoßen ebenfalls. Auch Pommes frites und Kartoffelgratins sind fettaugenlastig.

Auf stolze 14 Fettaugen bringt es die Bratwurst.

Kaum Fettaugen

Bei klaren Suppen oder Brühen kann man nichts falsch machen. Salzkartoffeln, Reis oder Nudeln sind die richtigen Beilagen ohne Fettaugen-Risiko. Gemüse sollte „natur" gedämpft sein. Mit Fisch, Kotelett natur oder Roastbeef isst der Gast ebenfalls gut und richtig.

PfundsKur-Tipp:

Quirlen Sie unter Magerquark einen guten Schuss Mineralwasser mit Kohlensäure. Dann schmeckt diese Mischung so cremig wie Sahnequark.

Desserts

Der Nachtisch ist meist süß und sahnig, aber das erkennt man selbst. Obstsalate oder Sorbets dagegen schonen die Fettaugenbilanz. Fatal ist das „Verdauungsschnäpschen" nach fettreichem Essen. Es stoppt, wie besprochen, die Fettverbrennung und ist geradezu ideal für eine unmittelbare Gewichtszunahme.

Wer die Speisekarte richtig liest und weiß, in welchen Gerichten die Fettaugen schlummern, der kann auch außer Haus seiner PfundsKur treu bleiben. Zugegeben, manchmal ist es nicht einfach, denn die Gastronomie spart überhaupt nicht mit Fett. Und die Imbissstände sowieso nicht.

Fettfalle Supermarkt

In der letzten Woche waren wir bereits im Supermarkt einkaufen. Haben Sie die „Fettfallen" entdeckt? Fett i. Tr. oder Fett absolut? Noch ein paar Tipps, um die bessere Wahl zu treffen. Im „weißen Sortiment" werden seit Jahren sehr viele fettreduzierte Milchprodukte angeboten. Die Aufschrift „Light" sagt jedoch nicht viel, denn dafür gibt es keine gesetzliche Regelung. Man muss trotzdem genau nach dem Fettgehalt schauen.

Obstsalat ist ein idealer Nachtisch; er enthält keine Fettaugen.

Fettarme Trinkmilch

Die Trinkmilch mit 1,5 % Fett ist empfehlenswert, denn diese Milch hat genauso viel Kalzium wie die 3,5 %-Variante.

Mit Nüssen heißt es, eher sparsam umzugehen, denn 80 Prozent der Kalorien in Nüssen, gleich welcher Sorte, sind Fettkalorien. Da wird das gesunde Müsli zur Fettbombe, wenn zwei Hände voll Nüsse darüber gestreut werden.

Vorsicht, Erdnüsse!

Gerade Erdnüsse, die sich so gut eignen, beim Fernsehen geknabbert zu werden, belasten die Fettaugenbilanz schwer. Nur 125 g Erdnüsse füllen mit 20 Fettaugen das ganze Tageskonto.

Supermarkt bietet Auswahl

Die Riesenauswahl im Supermarkt bietet eine einmalige Chance, denn zu fast jedem Lebensmittel gibt es fettreduzierte Varianten. Ohne Nachdenken kauft der Kunde im „grünen Bereich", der Gemüse und Obst anbietet. Bei Fleisch ist das Fett sichtbar, somit auch kein Einkaufsproblem. Die tollsten „Light-Produkte" sind allemal die, die immer schon kein Fett in sich hatten.

Wer die Brille beim Einkauf mit hat, kann auch aus der Zutatenliste wichtige Informationen ziehen. Die einzelnen Zutaten müssen nämlich in der Rangreihe der zugegebenen Menge aufgeführt sein. Ein Beispiel: Steht beim Marzipan auf der Zutatenliste „Zucker, Mandeln ...", dann ist klar, dass mehr Zucker als Mandeln enthalten sind. Auf gutem Marzipan steht „Mandeln, Zucker ...“. Wenn Fett also auf den ersten Positionen steht, dann ist Vorsicht geboten.

Fertiggerichte

Viele Fertiggerichte deklarieren die Nährstoffe, Fett, Kohlenhydrate, Eiweiß. Wenn nichts angegeben ist, sollte man auf diese Produkte verzichten. Die Auswahl ist groß genug. Mit Tütensuppen macht man nichts falsch, denn die sind alle eher fettarm. Bei Tiefkühlgemüse ist immer häufiger ein „Gewürzfettklumpen“ beigepackt, der kaum zu entfernen ist. Aber auch hier gibt es Alternativen ohne Fett. An der Kuchentheke wissen Sie selbst, was Sie kaufen, denn Creme oder Sahne sind mit bloßem Auge zu erkennen.

Warum lohnt Fett sparen?

Mit Ihrer Fettaugenbilanz, die Sie seit zwei Wochen führen, haben Sie einen großen Schritt getan. Nochmals: Es geht nicht darum, möglichst wenig oder gar kein Fett mehr zu essen. Das wäre grundfalsch, ungesund und gar nicht durchzuhalten. Sie trainieren vielmehr, den Fettgehalt im Essen auf ein normales Maß zu bringen – Sie wollen den „schlanken Mix“ erreichen. Das hat für Ihre Figur Vorteile und bringt ein mehr an Vitaminen, Mineral- und Ballaststoffen.

Die Ernährung wird besser

Wer fettnormalisiert und kohlenhydratliberal isst, verbessert die ernährungsphysiologische Qualität und legt die Basis für mehr Leistungsfähigkeit, Gesundheit und Wohlbefinden. Denn Kohlenhydrate sind nicht nur figurfreundlich, sondern wirken auch als Speise für die Seele. Sie sind im wahrsten Sinne des Wortes Nervennahrung und heben unsere Stimmung. Bemerken Sie schon, dass Sie sich besser fühlen? Sind Sie leistungsfähiger geworden? Weniger stressanfällig? Toll, dann weiter so! Denn eine bewusste Ernährung verbessert nicht nur unser Wohlbefinden, sondern auch unsere Gesundheit.

Der Blick lohnt: Wenn Fett in der Zutatenliste an vorderer Stelle steht, ist Vorsicht geboten.

Wenn wir gerade beim Thema sind ...

„Früher war die Ernährung besser.“ Das ist ein Satz, an den viele Verbraucher und Verbraucherinnen in Deutschland glauben. Gut, früher wusste man nichts von BSE, Maul- und Klauenseuche oder Nitrofen. Seit 50 Jahren hinterlassen Lebensmittelskandale im Schlaraffenland einen negativen Eindruck bei den Menschen. „Was kann ich überhaupt noch essen?“ – eine Frage, die sich fast jeder stellt (oder gestellt hat).

Mord ist wahrscheinlicher

Es ist paradox, wie wir Menschen mit der Bewertung von Gesundheitsrisiken umgehen, wann und wovor wir uns

PfundsKur-Tipp:

Fett schmeckt! Ein Stich Butter im Gemüse verstärkt den Eigengeschmack, macht ihn voller, runder. Doch: Zehn Stiche Butter im Gemüse schmecken nicht zehnmal so gut!

fürchten. Kein Lottospieler würde glauben, dass die Chance, ermordet zu werden, siebenmal größer ist als ein Sechser-Tipp. In Deutschland ängstigt sich kaum ein Autofahrer, obwohl täglich durchschnittlich 30 Verkehrstote zu beklagen sind. Die Angst vor den „Schadstoffen“ in Lebensmitteln ist unverhältnismäßig präsent, denn letztlich wird unser Leben doch durch ganz andere Gefahren bedroht. Ähnlich ist es mit BSE oder Nitrofen.

Qualität der Auswahl

Die überwiegende Mehrheit der Menschen stirbt an Herz-Kreislauf-Erkrankungen – und die sind ernährungsabhängig. Aber nicht, weil die Qualität der Lebensmittel schlecht und darum gesundheitsgefährlich wäre. Nein, wir Menschen stellen unsere Lebensmittel und Speisen ungünstig zusammen. Die Qualität der Auswahl ist mies, nicht die Qualität der Lebensmittel selbst.

Und da sind wir wieder unmittelbar bei den Zielen der PfundsKur. Sie verbessern sozusagen „automatisch“ Ihre Lebensmittelauswahl, wenn Sie auf die Fettaugen achten und bei den Kohlenhydraten zugreifen.

Qualität der Lebensmittel

Die Lebensmittelqualität war nie so gut wie heute – auch wenn sie noch weiter verbessert werden kann. Die Schlagzeilen in den Zeitungen über Skandale beweisen letztlich, dass die Lebensmittelüberwachung funktioniert. Sogar das noch so strenge Strafgesetz verhindert keinen Mord. So ist das mit unserem guten Lebensmittelgesetz ebenfalls: Es gibt leider Menschen, die das Gesetz missachten, um die schnelle Mark zu machen.

Ausblick auf die 4. Woche

Starten Sie in die 4. Woche. Erkunden Sie genau die Produkte im Supermarkt. Lesen Sie die Speisekarte im Restaurant. Wählen Sie fettbewusst das Gericht aus, nach dem Ihnen der Appetit steht. Buchen Sie Ihre Fettaugen in die Tabelle ein. Sie können Guthaben schaffen oder umgekehrt auch Kredite nehmen. Auf die Wochenbilanz kommt es an.

Bei den Kohlenhydraten wählen Sie nach Appetit und Geschmack. Vertrauen Sie auf die Sättigungsregulation Ihres Körpers. Ein Überessen mit Kartoffeln, Gemüse, Brot, Nudeln oder Reis ist nahezu unmöglich. Viel Spaß und guten Appetit!

Süßhunger am Abend

Wenn Sie abends das große Verlangen nach Süßem verspüren, dann naschen Sie doch einmal Russischbrot, Gummibärchen oder Rice-crispies. Das sind Süßigkeiten ohne Fett.

Das Ziel im Blick

Minifit oder Training?

Kompliment! Seit drei Wochen sind Sie nun schon dabei, Ihre Fitness zu steigern. Wahrscheinlich haben Sie festgestellt, dass es gar nicht so schwierig ist, aktiver zu sein. Ein wenig mehr Alltagsaktivität, etwas Gymnastik – und schon wächst die Fitti-Sammlung an.

In den kommenden sieben Wochen werden wir Ihnen noch mehr Hinweise geben, wie Sie Ihr Bewegungs-Ziel erreichen können. Den Weg dahin können Sie nun selbst wählen: Steigern Sie lieber über eine festgelegte Anzahl von Fitti pro Woche (Trainingsvariante) oder setzen Sie sich lieber einen wöchentlichen Zeitrahmen für Ihre Aktivitäten (Minifit-Variante)?

Der Minifit-Weg

Mit der Minifit-Variante – Sie definieren den Zeitrahmen pro Woche, den Sie für Bewegung einsetzen können – bleiben Sie in den kommenden Wochen bei den vereinbarten Prinzipien: Sammeln Sie in der Zeit, die Ihnen zur Verfügung steht, Ihre Fitti ein. Nutzen Sie in Haushalt oder Beruf alle Möglichkeiten zur Steigerung der Alltagbewegung, machen Sie die Übungen der Frühgymnastik und wählen Sie hin und wieder noch zusätzliche Aktivitäten aus. Sie können im Übrigen jederzeit zur Trainingsvariante wechseln. Beachten Sie dann allerdings die Steigerungsraten des Trainings, damit Sie sich nicht überfordern.

Welcher Sport darf es sein?

Falls Sie innerhalb der Minifit-Variante diese Woche eine sportliche Betätigung wählen, anstatt Ihre Fitti mit Haushalts- oder Gartenarbeit zu sammeln, dann sollte Ihnen diese Aktivität auch Spaß machen. Sie sollte zudem dynamisch sein (die Muskeln sollten sich immer wieder spannen und entspannen müssen) und große Muskelgruppen bewegen (zum Beispiel die Beinmuskulatur). Wie wäre es denn mit Gehen, Schwimmen, Radfahren oder Federballspielen in der 4. PfundsKur-Woche?

Auch in der 4. Woche sollten Sie mit der Guten-Morgen-Gymnastik in den Tag starten.

Die Trainingsvariante

Bei der Trainingsvariante (Sie definieren die Anzahl der zu sammelnden Fitti pro Woche) können Sie sich ab jetzt an einem Trainingsplan orientieren, so wie es übrigens auch Spitzensportler tun. In der nächsten Wochen zeigen wir Ihnen, wie Sie ein körperliches Training systematisch aufbauen. Die von uns hierfür vorgeschlagenen sportlichen Aktivitäten sind so ausgewählt, dass Ihre Ausdauer- und Kraftfähigkeiten auf wirksame, aber schonende Weise verbessert werden.

Unser Fitti-Vorschlag

In den folgendenen Grafiken sehen Sie einen Vorschlag zu den Schritten, mit denen Sie Ihre Fitti-Sammlung vergrößern können. Je nach Ihrer körperlichen Verfassung und Ihren Möglichkeiten, Zeit und Energie in das Bewegungsprogramm der PfundsKur zu investieren, können Sie sich an den entsprechenden Säulen orientieren. Alle, die sich im Verhaltensstadium (siehe 1. Woche) in den ersten drei Kategorien befinden und deren Fitnesswerte bisher eher mäßig sind, können sich die Menge

Fitti-Ziel für Einsteiger

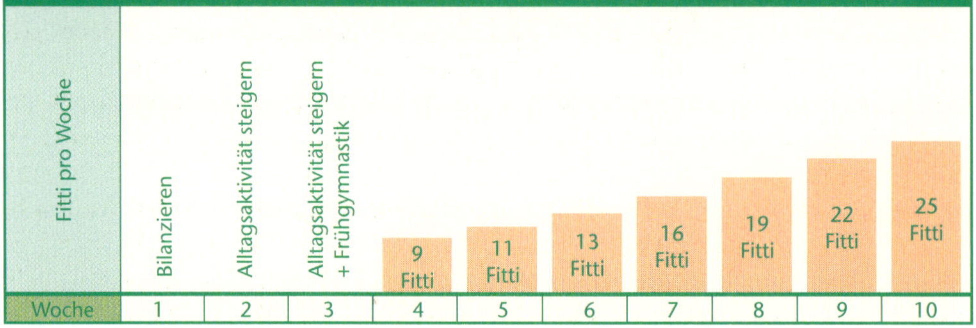

Fitti-Ziel für Alltagsaktive

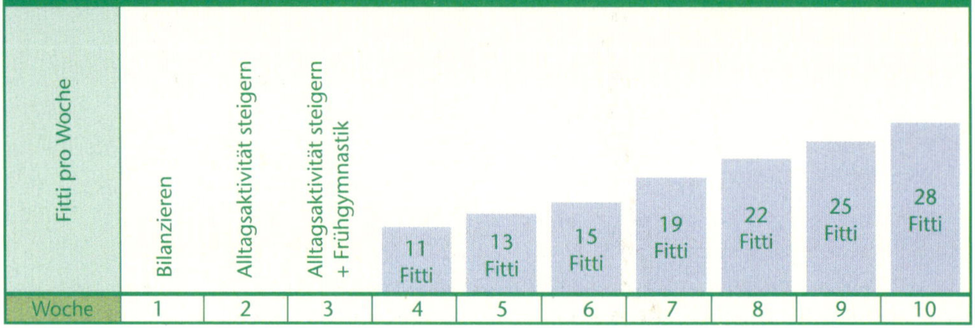

von 25 Fitti in der 10. Woche als zwar ehrgeiziges, aber durchaus erreichbares Ziel setzen. Sie wählen das „Fitti-Ziel für Einsteiger".

Jene Leserinnen und Leser, deren Fitnesswerte im Verhaltensstadium zufriedenstellend ausgefallen sind und die sich im Alltag schon hinreichend bewegen, können den mittleren Verlauf wählen und in der 10. Woche schließlich 28 Fitti pro Woche sammeln („Fitti-Ziel für Alltagsaktive").

Die sportlichen Leser und Leserinnen können die 31 Fitti als Vorhaben für die 10. Woche beherzt in Angriff nehmen und verfolgen das „Fitti-Ziel für Sportliche".

Frust vermeiden

Nehmen wir zum Beispiel eine Frau mit 70 kg Körpergewicht, die in zügigem Tempo 15 Minuten spazieren geht (4 METs). Sie verbraucht während der 15 Minuten 70 Kilokalorien und sammelt so 2,5 Fitti. Nun erhöht die Frau ihr Tempo und fängt an zu joggen (6 METs), kann aber 15 Minuten Laufen nicht durchhalten. Sie läuft also stattdessen zehn Minuten. Anstelle der 70 Kilokalorien verbraucht Sie nur 67,2 Kilokalorien und ist zu allem Übel noch frustriert, dass sie das selbst gesteckte Ziel nicht erreicht hat.

Langsam steigern

Möglicherweise haben Sie sich schon gefragt, ob Sie Ihrem Ziel nicht schneller näher kommen, wenn Sie den Anstrengungsgrad der Aktivitäten erhöhen, also einfach Tätigkeiten mit mehr METs wählen. Tun Sie das nicht – es erfüllt nicht den angestrebten Zweck. Zum einen steigert sich der Energieverbrauch nicht im gleichen Maße, in dem Sie die Intensität des Trainings erhöhen. Zum anderen gewinnt der Körper bei großer Anstrengung die Energie nicht mehr aus dem Fett, sondern greift auf andere Energiespeicher zurück. Darüber hinaus geht dabei schnell die Freude an der Bewegung verloren und Frust stellt sich ein.

Fitti-Ziel für Sportliche

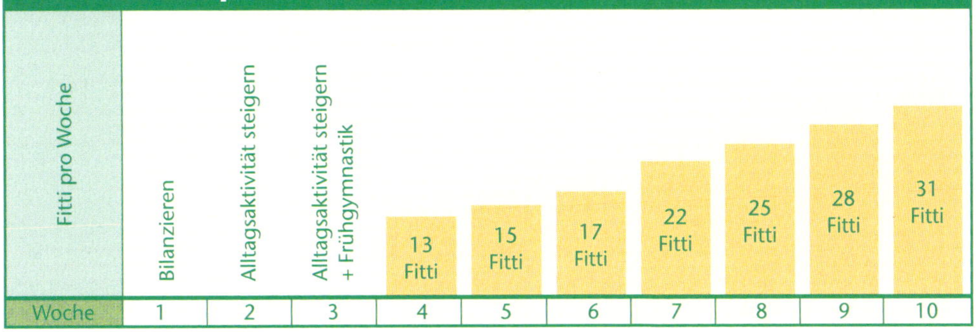

Zeit pro Fitti

In der 3. Woche haben Sie bereits gelernt, wie Sie Ihre Aktivität mithilfe einer Formel und einer Tabelle (im Bewegungstagebuch Seite 24/25) ganz leicht in Fitti umrechnen können. Für den Fall, dass Sie eine andere Herangehensweise bevorzugen, bieten wir Ihnen alternativ die Tabelle links an. Hier lässt sich ablesen, wie lange Sie bei welchem Körpergewicht und bei welcher MET-Intensität aktiv sein müssen, um 1 Fitti zu sammeln. So können Sie die Bewegungsdauer für Ihre Fitti-Zielsetzung im Voraus berechnen. Suchen Sie Ihr Körpergewicht in der Tabelle heraus, bestimmen Sie die Intensität (METs) Ihrer Aktivität (die Liste finden Sie in der 3. Woche, Seite 50/51) und Sie erfahren hier, wie viel Zeit Sie für ein Fitti investieren müssen.

Bewegungsumfang in Minuten, um 1 Fitti zu sammeln

Körpergewicht	2 METs	3 METs	4 METs	5 METs	6 METs
60 kg	13 Min.	9 Min.	7 Min.	5 Min.	5 Min.
65 kg	12 Min.	8 Min.	6 Min.	5 Min.	4 Min.
70 kg	12 Min.	8 Min.	6 Min.	5 Min.	4 Min.
75 kg	11 Min.	7 Min.	5 Min.	4 Min.	4 Min.
80 kg	10 Min.	7 Min.	5 Min.	4 Min.	3 Min.
85 kg	10 Min.	6 Min.	5 Min.	4 Min.	3 Min.
90 kg	9 Min.	6 Min.	5 Min.	4 Min.	3 Min.
95 kg	9 Min.	6 Min.	4 Min.	3 Min.	3 Min.
100 kg	8 Min.	5 Min.	4 Min.	3 Min.	3 Min.
105 kg	8 Min.	5 Min.	4 Min.	3 Min.	3 Min.
110 kg	7 Min.	5 Min.	4 Min.	3 Min.	2 Min.
115 kg	7 Min.	5 Min.	4 Min.	3 Min.	2 Min.
120 kg	7 Min.	5 Min.	3 Min.	3 Min.	2 Min.
125 kg	6 Min.	4 Min.	3 Min.	3 Min.	2 Min.
130 kg	6 Min.	4 Min.	3 Min.	2 Min.	2 Min.

Anwendung in der Praxis

Hier ein Beispiel, wie die Tabelle zu lesen ist: Angenommen, Sie wiegen 100 Kilogramm und Sie gehen in dieser Woche in flottem Tempo 15 Minuten spazieren. Bei schnellem Gehen vergibt die MET-Liste 5 METs. Um damit 1 Fitti zu sammeln, müssten Sie drei Minuten unterwegs sein. Da Sie sich entschlossen haben, 15 Minuten spazieren zu gehen, also das Fünffache der Zeit aufwenden wollen, hätten Sie am Ende der Woche 5 Fitti gesammelt.

Die Aufgabe für die Trainingsvariante

Der Stufenplan empfiehlt, in der 4. Woche mindestens 9 und maximal 13 Fitti zu sammeln. Selbstverständlich können Sie auch weniger Fitti als Ziel wählen, wenn Ihnen die Aufgabe aus der vergangenen Woche schwer gefallen ist. Sie müssen deshalb kein schlechtes Gewissen haben; Ihr Gesamtziel am Ende der Pfunds-Kur ist immer noch erreichbar.

Wählen Sie nun aus der MET-Liste eine Aktivität mit 4 oder 5 METs aus, am besten Gehen, Schwimmen oder Radfahren, und bestimmen Sie den wöchentlichen Trainingsumfang für diese Tätigkeiten. Die Tabelle hierfür haben Sie gerade kennen gelernt. Ihr entnehmen Sie, welche Dauer bei der jeweiligen Aktivität notwendig ist, damit Sie auf die angestrebte Anzahl von Fitti kommen.

Feste Termine sind wichtig

Verteilen Sie Ihren persönlichen Trainingsumfang nun nach Belieben auf die 4. PfundsKur-Woche. Tragen Sie den Termin für die Trainingseinheiten – am besten sofort – in Ihren Kalender ein. Das sollten Sie übrigens auch bei der Minifit-Variante tun, denn das Festlegen auf einen Termin bindet Sie an Ihren Vertrag. Beachten Sie im Sinne eines gezielten Trainings noch folgende Regeln: Teilen Sie den Umfang der 4. Woche und auch die Umfänge der folgenden Wochen auf mindestens zwei Trainingseinheiten pro Woche auf (z. B. zweimal 25 Minuten). Außerdem sollte eine Trainingseinheit mindestens zehn Minuten umfassen. Wenn Sie sich also vorgenommen haben, in dieser Woche 60 Minuten zu trainieren und ihr Sportprogramm auf vier Trainingseinheiten verteilen möchten, dann trainieren Sie pro Trainingseinheit also 15 Minuten.

Fazit für die 4. PfundsKur-Woche

Verteilen Sie Ihr Trainingsprogramm über die sieben Tage der 4. Woche. Behalten Sie Ihre Alltagsaktivität bei und machen Sie Ihre Gymnastik. Wenn Sie all das schaffen, dann haben Sie eine Menge Fitti gesammelt und Sie dürfen stolz auf sich sein!

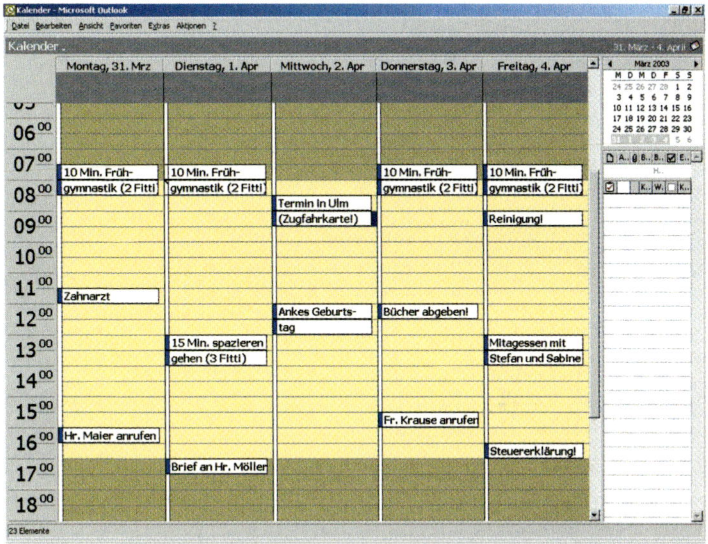

Verteilen Sie Ihre Trainingseinheiten auf die Woche, und tragen Sie die Termine in Ihren Kalender ein. Sie werden erstaunt sein, wie schnell Sie Fitti sammeln können.

Bitte beachten

Und noch eine wichtige Regel gilt für Ihr Bewegungsprogramm: Ihr Körper braucht Zeit, um sich an neue Anforderungen zu gewöhnen. Pausen zwischen den Belastungen sind daher mindestens ebenso wichtig wie die Belastungen selbst.

Nur Leistungssportlerinnen und Leistungssportler dürfen sich pausenloses Belasten erlauben, da ihr Organismus es über viele Jahre gelernt hat, mit Ermüdungen umzugehen. Freizeitsportler müssen ihrem Körper genügend Zeit zur Erholung gönnen. Wird bei ihnen ein neuer Belastungsreiz gesetzt, wenn der Organismus noch ermüdet ist, schwächt dies auf Dauer ihre Leistungsfähigkeit.

Die PfundsKur-Halbzeit naht

Belohnung für Ihren Erfolg

Volker Pudel Guten Tag Herr Schlicht, wir gehen auf die Halbzeit zu …

Wolfgang Schlicht … fast, denn bis es so weit ist, liegt noch eine Trainingswoche vor uns.

Volker Pudel Sie haben sich ja ein wichtiges Thema für die 5. Woche vorgenommen?

Wolfgang Schlicht Ja, ein sehr wichtiges sogar. Aber es ist schwer zu erklären, weil es eigentlich selbstverständlich ist. Es geht um Belohnung für gute Leistungen.

Volker Pudel Das verstehen aber doch alle Eltern, denn wenn ihr Kind gut war, dann bekommt es Lob oder auch ein kleines Geschenk. Das ist doch normal, oder?

Wolfgang Schlicht Lob für andere ist üblich, nicht aber für sich selbst. Also ich schlage vor, dass sich unsere Leserinnen und Leser selbst belohnen, wenn sie das PfundsKur-Training zehn Wochen lang gemeistert haben.

Volker Pudel Eigenlob stinkt, sagt der Volksmund; klingt also ein bisschen nach Überheblichkeit.

Wolfgang Schlicht Leider manchmal auch nach einem „schlechten Charakterzug", wenn sich jemand lobt und mächtig stolz auf sich ist.

Volker Pudel Das ist „ein bisschen deutsch", so zu denken – und falsch dazu.

Wolfgang Schlicht Ja, denn wenn man stolz auf sich sein kann, dann gibt das Kraft und Motivation, die nächsten Aufgaben anzupacken.

Volker Pudel Und dabei ist es wichtig, sich solche Aufgaben vorzunehmen, die eine Herausforderung sind, die man aber erfolgreich bewältigen kann.

Wolfgang Schlicht Wichtig ist aber auch die richtige Ausrüstung, z. B. zum Walken. Wer die falschen Schuhe trägt und dadurch Blasen bekommt, der gibt auf und hat sich so seinen Misserfolg schon vorprogrammiert.

Volker Pudel Darüber werde ich auch sprechen, denn gerade die unzähligen Misserfolge beim Abnehmen sind nach diesem Muster hausgemacht. Da wollen Menschen endlich abnehmen und bauen sich tolle Vorsätze auf, die ihnen helfen sollen. „Nie mehr Bier", „Kein Stück Schokolade mehr" oder „Jetzt nur noch Vollkornbrot"…

Wolfgang Schlicht … oder „Ab morgen jogge ich täglich fünf Kilometer". Das gibt es bei der Bewegung genauso.

Volker Pudel Es ist eigentlich schade, dass diese gut gemeinten Vorsätze …

Wolfgang Schlicht … wie die zu Silvester übrigens auch …

Volker Pudel ... kaum lange halten. Sie sind zu krass, zu rigide. Im Schlaraffenland der Supermärkte und der Bequemlichkeit fallen sie allzu schnell in sich zusammen.

Wolfgang Schlicht Klar, wenn es dann nur einen Tag regnet oder man länger im Büro bleiben muss, dann fällt das Joggen aus. Und am nächsten Tag fängt man erst gar nicht mehr damit an, weil man seine Absichten jetzt sowieso nicht mehr verwirklichen kann.

Volker Pudel Abgesehen davon, dass Joggen auch für schwere Zeitgenossen nicht gerade die ideale Fortbewegungsart ist ...

Wolfgang Schlicht ... stimmt, dabei werden die Gelenke über Gebühr belastet. Ich werde für die nächste Woche Walking – das „schnelle Gehen" – vorschlagen und erklären. Walking ist eine ideale, aktive Bewegung ...

Volker Pudel ... und benötigt, bis auf gute Schuhe, kaum Ausrüstung.

Wolfgang Schlicht Richtig, das ist unser Thema. Schuhgröße, Gewicht und Führungseigenschaft des Trainigsschuhs, das alles sollte stimmen, sonst macht auch Walking keinen Spaß.

Volker Pudel Und das Tempo spielt doch sicher eine Rolle. Walking mit hochrotem Kopf und hängender Zunge ...

Wolfgang Schlicht ... das ist Überforderung und bleibt ohne positiven Trainingseffekt. Das ist auch „ein bisschen deutsch": wenn schon, denn schon – wenn Sport, dann aber heftig.

Volker Pudel Seien Sie lieber gelassen, aber stetig. Keine krassen Vorsätze! Bleiben Sie fair zu sich selbst.

Wolfgang Schlicht Und belohnen Sie sich. Mit kleinen Geschenken, die Sie sich für sich ausdenken. Sie haben es verdient!

Volker Pudel Nur wenn Sie stolz auf sich sind, schöpfen Sie Durchhaltekraft, um die dicke Chance für die schlanke Linie zu nutzen.

Wolfgang Schlicht Das echte Eigenlob wirkt Wunder, was meinen Sie, Herr Kollege?

Volker Pudel Natürlich, der Gedanke „Das habe ich aber toll gemacht!" ist das wirksamste und schönste Geschenk.

Wolfgang Schlicht Da finde ich übrigens, dass wir die 5. Woche gut geplant haben.

Volker Pudel Danke für das Geschenk an uns. Dann könnten wir uns doch jetzt mit einem gemeinsamen Mittagessen belohnen.

Wolfgang Schlicht Prima Idee, und ich wähle aus, um meinem Co-Trainer zu zeigen, was ich in den vergangenen Wochen gelernt habe.

Die guten Vorsätze und ihre Tücken

Fair sein zu sich selbst

Menschen fassen „gute Vorsätze", um sich zu helfen. Sie haben ganz bestimmt auch Ihre Erfahrungen mit „guten Vorsätzen"? Doch haben sie Ihnen wirklich geholfen? Oder ging es Ihnen mit den guten Vorsätzen eher wie Frau Schmidt?

Frau Schmidt, zum Beispiel

Da erfährt Frau Schmidt durch die Pfunds-Kur, dass ihre geliebte Schokolade mehr Fett- als Kohlenhydratkalorien enthält. „Das hätte ich nie geahnt", erschreckt sie sich und beschließt spontan: „Ab morgen esse ich nie mehr Schokolade", denn schließlich möchte sie abnehmen. Darum fasste sie diesen „guten Vorsatz", der ihre Fettaugenbilanz entschärfen soll: Nie mehr Schokolade!

Doch jetzt hat das Gehirn von Frau Schmidt viel zu tun. Alle Gedanken drehen sich um Schokolade. Früher hat sie zwar auch an Schokolade gedacht, aber nicht ständig, wie jetzt. Am nächsten Tag kommt ihr Mann nach Hause und überrascht sie mit einer Tafel Schokolade: „Hier, mein Schatz, weil deine Diät dich so nervt", packt die Tafel aus, bricht einen Riegel ab, „bitte …"

Frau Schmidt in der Falle

Was soll Frau Schmidt machen? Ihren lieben Mann, der an Sie gedacht hat, einfach enttäuschen? „Nein, bitte, ich esse nie mehr Schokolade!" Das will sie auch nicht. Was also tun? Sie bricht vorsichtig ein Stückchen vom Riegel ab und steckt es in den Mund. Sofort signalisieren ihr ihre Gedanken „Vorsatz gebrochen! Jetzt ist es auch schon egal!"

„Jetzt ist es auch schon egal"

Ja wirklich, denkt sich Frau Schmidt, und lässt sich zusammen mit ihrem Mann die Tafel Schokolade schmecken. So ergeht es vielen Vorsätzen, die zwar gut gemeint waren, aber im Alltag einfach nicht durchzuhalten sind.

Vorsätze, die die Worte enthalten „immer", „nur noch", „ab sofort" oder „nie

Fettaugentabelle 5. Woche

Geplante Fettaugen	
Montag	
Dienstag	
Mittwoch	
Donnerstag	
Freitag	
Samstag	
Sonntag	
Gesamtsumme	
geteilt durch 7	**:7**
Tagesdurchschnitt	

mehr", sind gefährliche Vorsatzfallen, die über kurz oder lang zuschnappen. Solche Vorsätze sind absolut, rigoros, setzen null Prozent oder 100 Prozent zum Ziel.

Rigide Verhaltenskontrollen

Vorsätze, die entweder null Prozent oder 100 Prozent zum Ziel setzen, nennen wir rigide Verhaltenskontrollen, weil sie starr und unnachgiebig sind. Frau Schmidt wollte sich mit einer solchen rigiden Verhaltenskontrolle helfen – und das gelang sogar, bis ihr Mann kam ...
Rigide Verhaltenskontrollen sind absolut. Darum brechen sie selbst bei der geringsten Überschreitung in sich zusammen. Der Vorsatz wird außer Kraft gesetzt, der Kopf stellt fest: „Jetzt ist es auch schon egal!" Wieder ein Misserfolg, der das Wohlbefinden ankratzt.

RIGIDE VORSÄTZE

- Ab morgen fahre ich jeden Tag Rad
- Ich trinke nie mehr Wein
- Ich esse nur noch Vollkornbrot
- Ich esse jeden Tag eine große Portion Gemüse
- Ich trinke nur noch Mineralwasser

Kein persönliches Versagen

Wenn Sie auch schon Misserfolge erlebt haben, weil Ihre Vorsätze rigide waren, dann ist das keine persönliche Schuld. Sie waren einfach nicht fair zu sich. Sie meinten es gut, aber haben sich eine Falle aufgestellt, die zuschnappen musste.

Im Schlaraffenland helfen rigide Verhaltensvorsätze nicht weiter. Von Schokolade umgeben, macht es keinen Sinn, sich einem totalen Schokoladenverbot zu unterwerfen. Schon bei der geringsten Überschreitung heißt es: „Jetzt ist es auch schon egal!"

Flexible Verhaltenskontrolle

Die Leidenswege von figurgeplagten Menschen sind gepflastert mit rigiden Vorsätzen, die zur Gegenregulation führen. So nennt man in der Psychologie den Satz „Jetzt ist es auch schon egal!". Der Vorsatz wird einfach „wegreguliert" – durch ein eigentlich unbedeutendes Ereignis. Denn von einem Stückchen Schokolade würde Frau Schmidt auch nicht dicker! Mit flexibler Verhaltenskontrolle werden auch Sie erfolgreich Ihr Essverhalten trainieren. Flexible Vorsätze sind fair und darum menschenfreundlich.

Flexible Verhaltenskontrollen gelten nicht gleich fürs ganze Leben. Sie lassen Korrekturen zu.

Frau Schmidt mit der PfundsKur

Frau Schmidt möchte Fettaugen sparen, darum beschließt sie: „In der kommenden Woche versuche ich, mit zwei Tafeln Schokolade auszukommen."

Überschaubar und konkret

Neben rigiden Verhaltenskontrollen sind auch Vorsätze untauglich, die weder Zeit noch Menge konkret planen. „Ich esse weniger Schokolade", ist ein Vorsatz, der langfristig nicht helfen kann ... denn wann ist „wenig" wenig genug?

Flexible Vorsätze beziehen sich auf eine überschaubare Zeit und geben eine konkrete Menge vor, die erreichbar ist.

Sie hat sich eine konkrete, überschaubare Zeitspanne vorgenommen (eine Woche) und sich ein realistisches Ziel gesetzt (zwei Tafeln). Frau Schmidt hat jetzt alle Chancen, erfolgreich zu sein. Ihr Vorsatz ist flexibel.

Aufgabe für die kommende Woche

Planen Sie für die kommende Woche einen flexiblen Vorsatz. Sie haben freie Wahl. Außerdem gilt es, das Sonntagsgewicht festzustellen und die Fettaugenbilanz wie bisher einzuhalten. Viel Erfolg!

Flexible und rigide Vorsätze

Im Test können Sie prüfen, ob Ihnen das Prinzip der flexiblen Kontrolle ganz klar ist. Vermeiden Sie in Zukunft, sich durch rigide Kontrollen selbst unter Druck zu setzen. Sie sind leider die „beste" Methode, sich Misserfolge vorzuprogrammieren und sich den Weg zum Wohlbefinden zu verbauen.

Kreuzen Sie bitte alle flexiblen Vorsätze an	
Im kommenden Monat werde ich 50 Kilometer mit dem Rad fahren	
Ich werde jeden Tag fünf Kilometer mit dem Rad fahren	
Ich esse in der nächsten Woche ein Päckchen Vollkornbrot	
Zum Frühstück esse ich nur noch Vollkornbrot	
Ich trinke abends nur ein Glas Wein	
Ich trinke in den nächsten vier Wochen 30 Gläser Wein	
Ich versuche, in den nächsten 14 Tagen zehnmal Gemüse zu essen	
Ich esse jetzt jeden Tag eine Portion Gemüse	
Ich verwende kein Streichfett mehr	
In der nächsten Woche nehme ich noch siebenmal Streichfett	
Ich esse jeden Tag 20 Fettaugen	
Ich versuche, in der Woche mit 140 Fettaugen auszukommen	
Ich trinke täglich zwei Liter Mineralwasser	
Ich versuche, stündlich ein Glas Mineralwasser zu trinken	

Haben Sie 7 Kreuze gemacht? An der richtigen Stelle? Das entscheiden Sie selbst, denn Sie wissen jetzt, was flexible Kontrolle ist. Immer, wenn eine geringe Über- oder Unterschreitung nicht gleich zu dem berühmten Satz „Jetzt ist es auch schon egal!" führt, dann ist der Vorsatz fair, erfolgreich, weil flexibel.

Walking – Schritt für Schritt

Verstärken Sie sich!

Seien Sie guten Gewissens stolz, wenn Sie Ihre Aktivitätsaufgaben gemeistert haben. Stolz ist ein Gefühl, das Sie motiviert, auch die nächste Woche beherzt anzugehen. Damit das noch besser gelingt, belohnen Sie sich, wenn Sie eine Aufgabe erledigt haben.

Belohnungen, die auf ein Verhalten folgen, machen eine Wiederholung des Verhaltens wahrscheinlicher – mit anderen Worten: Das Verhalten wird verstärkt.

Dabei ist die Größe des Geschenks gar nicht so wichtig. Die Verstärkung wirkt vielmehr über das innere Gefühl der Zu-

PfundsKur-Tipp:

Belohnen Sie sich am besten gleich, nachdem Sie eine Aufgabe erfolgreich gemeistert haben, das wirkt sich positiv auf Ihre Einstellung aus.

Die Belohnung planen

Ihnen steht nun eine angenehme Aufgabe bevor. Nehmen Sie sich einen Augenblick Zeit und überlegen Sie sich mindestens fünf kleine oder auch größere Geschenke, mit denen Sie sich in den nächsten Wochen für die geschafften PfundsKur-Aufgaben belohnen wollen.

Und jetzt Sie!

Ein Beispiel für Ihre Belohnung:	*Wenn ich diese Woche auf dem Weg zur Arbeit viermal eine Busstation früher aussteige, dann schaue ich am Samstag in meinem Lieblings-Modeladen vorbei und belohne mich mit einem schönen Kleidungsstück.*
1. Belohnung:	
2. Belohnung:	
3. Belohnung:	
4. Belohnung:	
5. Belohnung:	

friedenheit und des Stolzes über die geschaffte Aufgabe.

Gemeinsam hält man länger durch

Und noch etwas steigert Ihr Durchhaltevermögen. Die meisten Menschen tendieren nicht zu einem Einsiedlerdasein, sondern suchen sozialen Anschluss. Sich gemeinsam draußen zu bewegen, bringt doppelt Spaß. Fordern Sie Freunde oder Familienmitglieder dazu auf, Sie auf dem Weg zu sportlicher Bewegung zu begleiten. Sie werden sehen, dass dann vieles einfacher geht.

Ein paar Worte zur Ausstattung

Nachdem wir die PfundsKur-Aktivitäten mehr und mehr gesteigert haben, wird es Zeit, ein wenig über funktionelle Kleidung nachzudenken. Für viele Menschen ist allein der Gedanke daran, sich eine umfangreiche Ausrüstung zulegen zu müssen, bereits ein hinreichender Grund, gar nicht erst sportlich aktiv zu werden. Tatsächlich benötigen Sie für den Anfang aber nicht viel, und bei zahlreichen Sportaktivitäten reicht Ihnen auch langfristig eine bescheidene Ausstattung.

DER TRAININGSSCHUH

Achten Sie beim Kauf des Trainingsschuhs auf folgende Eigenschaften:

- Der Schuh sollte relativ leicht sein
- Der Schuh sollte die Abrollbewegung des Fußes unterstützen
- Der Schuh sollte den Fuß gut führen
- Der Schuh sollte an Ihr Körpergewicht angepasst sein
- Der Schuh sollte gut passen, eventuell $^{1}/_{2}$ Daumenbreite größer sein als Ihre normale Schuhgröße

Vom Halbschuh zum Funktionsschuh

Für die vor uns liegenden Wochen sollten Sie sich allerdings Schuhe anschaffen, in denen es sich gut laufen lässt. Für den Anfang reicht ein Funktionsschuh, wie er für Wanderer oder Walker in jedem Sport- oder Schuhgeschäft zu haben ist.
Achten Sie beim Kauf der Schuhe auf gute Qualität. Ihre Gelenke werden es Ihnen danken. Rechnen sie bei einem guten Schuh etwa mit einem Preis von € 80,–. Im Ausverkauf geht es sicherlich auch günstiger. Lassen Sie sich aber unbedingt in einem Fachgeschäft beraten, welcher Schuh bei Ihrer Fußstellung und Ihren Anforderungen am besten geeignet ist.

Die Kleidung – keine Frage des Stils

Bei funktioneller Sportbekleidung können Sie viel Geld sparen, wenn Sie auf modischen Schnick-Schnack verzichten. Joggingkleidung ist heutzutage meist aus synthetischem Material gefertigt: atmungsaktiv, schweißabsorbierend und pflegeleicht. Leichte Baumwollkleidung erfüllt für den Anfang aber auch ihren Zweck.
Zusätzlich zu T-Shirt und Hose empfiehlt sich ein atmungsaktives Regencape oder

eine Regenjacke, damit Sie gegen leichten Nieselregen gefeit sind. Ausdauertraining, mit dem wir in dieser Woche beginnen wollen, lässt sich so bei nahezu jeder Witterung betreiben.

Die Trainingsvariante in der 5. Woche

Wenn Sie den Vorschlägen der Trainingsvariante folgen, dann sammeln Sie in dieser Woche noch mehr Fitti: 11, 13 oder 15. Außerdem machen Sie Erfahrungen mit einer für Anfänger gut geeigneten Ausdauersportart, dem Walking. Später können Sie das, was Sie diese Woche erfahren, ohne weiteres auf andere Formen des Ausdauertrainings übertragen. Sie werden Schritt für Schritt zu Ihrem eigenen Fitness-Coach. Nicht jede Sportart ist allerdings für jede Person gut geeignet, beachten Sie daher unsere Empfehlungen.

Mehr und mehr steigen Sie nun also in das sportliche Training ein. Wohin das Programm Sie führen soll und was bereits an Wegstrecke hinter Ihnen liegt, das können Sie aus dem Trainingsplan auf Seite 64/65 entnehmen.

Geeignete Sportarten

An der Anzahl und dem Gesichtsausdruck der Punkte können Sie für Ihre Gewichts- und Altersklasse ablesen, welche Sportarten für Sie besonders sinnvoll und welche weniger empfehlenswert sind.

Sportaktivität	mäßiges Übergewicht (BMI 25 bis 30) oder jünger als 45 Jahre	Übergewicht (BMI über 30) oder älter als 45 Jahre
Walking	☺ ☺	☺
Radfahren	☺ ☺	☺ ☺
Schwimmen	☺ ☺	☺ ☺
Skilanglauf	☺ ☺	☺
Gymnastik	☺	😐
Bergwandern	☺	😐
Volleyball	☺	☹
Tennis	😐	☹ ☹
Inline-Skating	😐	☹
Ski alpin	☹	☹ ☹
Jogging	☹	☹ ☹
Fußball	☹ ☹	☹ ☹

Viele Sportarten belasten Gelenke und Wirbelsäule oder bergen ein großes Verletzungsrisiko.

PfundsKur-Tipp:

Fettaugen nicht vergessen!
Bleiben Sie in den kommenden Wochen auch beim Ernährungsteil der PfundsKur standhaft. Denn wenn Sie zu viele Fettaugen sammeln, heben Sie die Wirkung der Fitti teilweise wieder auf.

Ausdauernd geduldig sein

Erwarten Sie nicht, dass Sie Ihre Verhaltensänderung sofort und kiloweise auf der Waage ablesen können. Alles braucht seine Zeit und sinnvolles Abnehmen braucht sogar noch ein wenig mehr Zeit. Dafür sind unsere Trainingsempfehlungen längerfristig aber wirkungsvoller als das Einhalten nur kurzfristig wirksamer Crash-Diäten. Es ist an der Zeit, dass Sie sich noch einmal Ihren Vertag anschauen und Ihr Versprechen erneuern: Ja, ich will!

Die Aufgabe für die Minifit-Variante

Walken Sie sich fit.

Anhänger der Minifit-Variante behalten auch diese Woche die Alltagsaktivität bei und führen die Gymnastikübungen durch.

Joggen belastet die Gelenke und die Wirbelsäule – daher besser Schwimmen, Walken oder Radfahren.

Mit beiden Aktivitäten sammeln Sie Fitti und beide verbrauchen Energie.
Wie sieht es in dieser Woche mit Ihrer Zeit aus? Könnten Sie nicht doch noch einmal fünf bis zehn Minuten in Aktivität investieren? Für einen kurzen Spaziegang oder für eine Wiederholung der Frühgymnastik ist doch eigentlich immer Zeit.

Die Aufgabe für die Trainingsvariante

Die Ausdauersportart, die wir für die Trainingsvariante ausgesucht haben, ist Walking – was nicht heißt, dass Minifit-Anhänger nicht jederzeit einsteigen könnten. Beim Walking handelt es sich um eine sehr sanfte Methode des Ausdauertrainings, die sich in idealer Weise für Anfänger, ältere und übergewichtige Personen eignet. Auch für ehemalige und Noch-Jogger, die während oder nach dem Laufen über orthopädische Probleme klagen, stellt Walking eine geeignete Alternative dar.
Walking zu erlernen, ist nicht schwierig – die wenigen technischen Hinweise können Sie bald umsetzen. Der Deutsche Leichtathletik-Verband hat unter der wissenschaftlichen Leitung von Professor Klaus Bös einige Broschüren erarbeitet, die zum Walking hinführen und auch Trainingskonzepte enthalten. Sie können sich auch bei den Bewegungskursen der AOK ins Walking einführen lassen und gemeinsam in der Gruppe walken. Auch viele Sportvereine bieten inzwischen Walking-Treffs an.

Nun geht es los!

Suchen Sie nun wieder aus den Tabellen auf Seite 64/65 den Belastungsumfang aus, der Ihrer angestrebten Fitti-Bilanz für die 4. Woche entspricht. Walking, so wie Sie es diese Woche betreiben, hat eine Intensität von circa 5 METs. Verteilen Sie den errechneten Umfang wieder auf mehrere Trainingseinheiten (dabei die Regeln bedenken: mindestens zweimal pro Woche, mindestens zehn Minuten) und gestalten Sie Ihr Walking-Training nach dem Treppen-Schema auf Seite 78.

Gehpausen nicht vergessen

Verlängern Sie die Walking-Phasen kontinuierlich bis auf maximal drei Minuten, kontrollieren Sie dabei Ihre Walking-Technik und machen Sie immer wieder eine Gehpause von einer Minute. Da Sie für Ihr Training mehr als zehn Minuten

Darauf sollten Sie beim Walking achten!

Körperhaltung

- Oberkörper möglichst ruhig, natürlich und aufrecht halten
- Schultern locker lassen, nicht nach oben ziehen
- Nicht hängen lassen, Bauch- und Gesäßmuskulatur anspannen

Armtechnik/Armhaltung

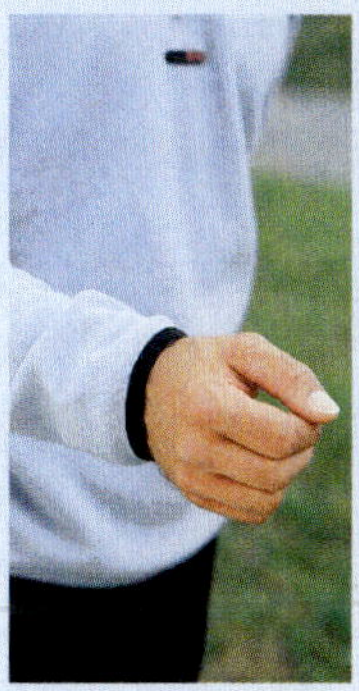

- Arme nah am Körper lassen
- Im Ellbogengelenk einen rechten Winkel bilden und die Arme gegengleich zur Beinbewegung (rechtes Bein, linker Arm) schwingen
- Die Hände zu einer lockeren Faust schließen

Versuchen Sie es doch gleich einmal.

Schritt-/Beintechnik

- Machen Sie normal große und lockere Schritte
- Fußspitzen zeigen beim Aufsetzen in Gehrichtung
- Füße über die Ferse aufsetzen, die Knie sind dabei leicht gebeugt (Entlastung des Kniegelenks)
- Füße über die ganze Fußsohle abrollen

eingeplant haben, gestalten Sie die Trainingseinheit wie eine Treppe, die zunächst aufwärts und dann wieder abwärts führt: Oben angekommen folgen nach drei Minuten Walking-Belastung und einer Minute Gehpause dann zwei Minuten Walking usw.
Vor dem Training sollten Sie sich mit leichten Mobilisationsübungen auf das Training einstimmen (siehe Seite 79), und auch zum Abschluss sollten Sie die Walking-Gymnastik noch einmal durchführen, damit sie sich schneller erholen.

Treppen-Schema Walking

2 Minuten Gymnastik – Gehen Sie 1 Minute in zügigem Tempo – Walken Sie danach 1 Minute in einem strammen Marschtempo – 1 Minute Gehen in moderatem Tempo – 2 Minuten Walken – 1 Minute Gehen – 3 Minuten Walken – 1 Minute Gehen – 2 Minuten Walken – 1 Minute Gehen – 1 Minute Walken – 1 Minute Gehen – 2 Minuten Walken – 1 Minute Gehen – 3 Minuten walken usw … – und am Ende noch einmal 2 Minuten Gymnastik.

Mit dem Tempo spielen

Noch ein Tipp! Zum einen sollten Sie nur so schnell walken, dass Sie sich noch unterhalten können. Zum anderen ist es mit Hilfe einer einfachen Schätzmethode möglich, die Belastung so zu wählen, dass Sie sich dabei noch wohl fühlen und nicht überfordern. Diese Einschätzungsskala wurde vom schwedischen Sportmediziner Gunnar Borg entwickelt. Wählen Sie das Walking-Tempo im grünen Bereich der Skala, wo sich auch die optimale Trainingswirkung entfaltet. „Spielen" Sie etwas mit dem Tempo, damit Sie ein Gefühl für die Anstrengung und Ihre körperlichen Reaktionen entwickeln.

Wählen Sie das Tempo im „grünen" Bereich.

Borg-Skala: Einschätzungsmethode beim Walking

Empfindung	Trainingswirkung	
überhaupt nicht anstrengend sehr, sehr leicht sehr leicht	keine Wirkung	😐
leicht anstrengend etwas schwer	optimale Wirkung	🙂
schwer sehr schwer sehr, sehr schwer größtmöglich anstrengend	Überforderung	🙁

Walking-Gymnastik

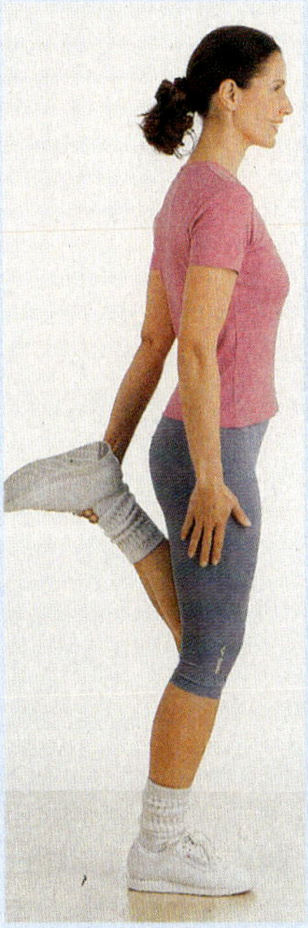

Dehnung der vorderen Oberschenkelmuskulatur

Stehen Sie auf einem Bein. Zur Sicherung des Gleichgewichtes können Sie sich an einer Wand, einem Baum o. Ä. festhalten. Wichtig ist bei dieser Übung, dass Sie Bauch- und Gesäßmuskulatur anspannen und nicht ins Hohlkreuz fallen. Nun führen Sie das Nicht-Standbein mit der Ferse in Richtung Gesäß, umfassen das Fußgelenk mit der Hand und ziehen das Bein so weit wie möglich an Ihren Körper heran. Achten Sie darauf, dass sie mit dem Knie nicht zur Seite ausweichen, sondern es möglichst nah am Standbein halten. 20 Sekunden dehnen, dann ist das andere Bein an der Reihe.

Dehnung der hinteren Oberschenkelmuskulatur

Legen Sie ein Bein mit der Ferse auf einer leichten Erhöhung ab, z. B. auf einer Parkbank, einem Zaun oder einem Baumstamm. Ziehen Sie die Fußspitze dieses Beins zum Körper heran und beugen Sie den Oberkörper mit geradem Rücken nach vorne. Halten Sie die Dehnung 15 bis 20 Sekunden und wechseln Sie dann das Bein.

Dehnung der Oberkörpermuskulatur

Stellen Sie sich in einer Entfernung von etwa einem Meter im aufrechten Stand vor eine Wand oder einen Baum. Legen Sie Ihre Hände etwas über Schulterhöhe an der Wand oder dem Baum ab. Beugen Sie den Oberkörper nun nach vorne, sodass im gesamten Rumpf eine leichte Dehnung empfunden wird – die Arme dabei gestreckt lassen. Die Dehnung 20 Sekunden halten.

Dehnung der Wadenmuskulatur

Stehen Sie im leichten Ausfallschritt nach vorne, Ihre Hände stützen Sie auf dem Oberschenkel des vorne stehenden Beins ab. Beugen Sie nun das Knie des vorderen Beins, strecken Sie das hintere Bein – die Ferse des Beins muss dabei auf dem Boden bleiben. Falls Sie jetzt noch keine Dehnung in der Wade spüren, schieben Sie Ihr Becken etwas nach vorne, bis Sie ein angenehmes Ziehen verspüren. Nach etwa 15 bis 20 Sekunden wechseln Sie auf das andere Bein.

Die Kehrseite des Schlankheitsideals

Fitness-Test zur Selbsteinschätzung und „Rezepte" gegen Heißhunger

Wolfgang Schlicht Jetzt hat die PfundsKur wirklich Halbzeit. Fünf Wochen Training sind absolviert.

Volker Pudel Und was schlagen Sie vor, Herr Schlicht?

Wolfgang Schlicht In dieser Woche gibt es für alle einen Fitness-Test auf einer ein Kilometer langen Strecke. Damit jeder selbst genau weiß, wie seine Leistung zu bewerten ist ...

Volker Pudel ... und nach weiteren fünf Wochen erkennen kann, um wie viel sich Leistung und Kondition bei ihm verbessert haben.

Wolfgang Schlicht Wir sprachen schon darüber, wer stolz auf sich sein will, der muss auch den Erfolg erkennen können. Darum der Test in der 6. Woche für das „Ich bin stolz auf mich" in der 10. Woche.

Volker Pudel Sie raten, beim Telefonieren aufzustehen. Bringt das was?

Wolfgang Schlicht Immerhin ist das der doppelte Energieaufwand des Sitzens. Aber, wer nur beim Telefonieren steht und ansonsten nicht aktiv ist, der beruhigt zwar sein Gewissen, fit wird er davon aber noch nicht. Wir sind ein Volk der Inaktiven und müssen jede Gelegenheit nutzen, um im Alltag Fitti zu sammeln.

Volker Pudel Frei nach dem Motto: „Kleinvieh gibt auch Mist"?

Wolfgang Schlicht Richtig, alles addiert sich über den Tag. Es ist auch eine Frage der Lebensweise, die mobiler, bewegter werden soll.

Volker Pudel Und eine Wohltat für den Körper und die Seele. Bewegte Menschen sind fitter und fühlen sich besser.

Wolfgang Schlicht Das beweisen unzählige Studien. Daran gibt es keinen Zweifel mehr. Und dennoch sitzen die meisten von uns fast genauso lange, wie sie schlafen.

Volker Pudel Apropos Seele, die kann man mit Bewegung gut erfrischen. Aber offenbar auch mit Schokolade, wenn der abendliche Süßhunger auftritt, den viele kennen.

Wolfgang Schlicht Obwohl es eigentlich kein richtiger Hunger ist?

Volker Pudel Das werden wir in der 6. Woche besprechen. Es gibt verschiedene Ursachen für den „Hunger der Seele", der alle guten Vorsätze vergessen lässt.

Wolfgang Schlicht Kann man nicht mit Willenskraft dagegen angehen? Niemand zwingt einen, zu essen!

Volker Pudel Das denken viele, und je standhafter sie sind, um so heftiger schlägt dann irgendwann die Heißhungerattacke zu. Nein, Standhaftigkeit ist mit Sicherheit das schlechteste Rezept gegen den Süßhunger.

Wolfgang Schlicht Was empfehlen Sie?

Volker Pudel Gegen Heißhunger hilft eigentlich nur „essen“. Wir werden besprechen, wie die Vorsorge aussieht, damit der Heißhunger gar nicht erst zuschlägt.

Wolfgang Schlicht Ist das überhaupt ein Problem, das viele Menschen betrifft?

Volker Pudel Offenbar ist dies eines der größten Essprobleme, denn weit über 50 Prozent der Frauen, so zeigte eine repräsentative Umfrage, leiden unter „Essanfällen“. Das Wort vom so genannten„Kummerspeck“ kennt jeder. Auch unser übertriebenes Schlankheitsideal fördert Essanfälle ...

Das moderne Schlankheitsideal liegt im Bereich der Unterernährung – selbst Menschen mit Normalgewicht halten sich inzwischen für unattraktiv dick.

Wolfgang Schlicht ... weil man sich mit Diäten nicht mehr satt isst?

Volker Pudel Das ist ein wichtiger Grund, aber es gibt noch mehr Umstände, die gerade die abendlichen Essattacken fördern.

Wolfgang Schlicht Kummerspeck will wohl sagen, dass man sich bei Kummer mit dem Essen trösten möchte.

Volker Pudel Genau, Kummer ist Stress, Langeweile aber auch. Und eigentlich immer in solchen Stresssituationen kommen dann diese Heißhungerattacken auf.

Wolfgang Schlicht Die zu regelrechten Fressattacken ausarten können, wie bei der Ess-Störung Bulimia nervosa, der Ess-Brech-Sucht.

Volker Pudel Und diese Ess-Störung hat wiederum viel mit unserem Schlankheitsideal zu tun. Welche junge Frau isst noch nach Herzenslust, solange superschlanke Models unser Schönheitsideal bestimmen.

Wolfgang Schlicht Dann ist Essen bzw. Nicht-Essen auch zu einer Methode geworden, um den eigenen Traum von Schönheit und Attraktivität zu realisieren?

Volker Pudel Leider, doch diese Methode funktioniert nicht. Diäten machen eher dick als schlank. Heißhungerattacken sind eben nicht nur ein Hilfeschrei der Seele ...

Wolfgang Schlicht ... sondern auch eines hungernden Körpers, dem die notwendigen Kalorien vorenthalten wurden.

Volker Pudel Richtig! Und aus diesem Grund zählen wir bei der PfundsKur auch keine Kalorien, sondern achten auf die Fettaugen und essen uns satt an Kohlenhydraten.

Wenn die Seele Hunger hat

Nahrung für Körper und Geist

Jetzt ist Halbzeit im Training! Starten Sie nun in die 6. Woche. Sie zählen weiter Ihre Fettaugen? Sie haben bereits abgenommen? Denken Sie immer daran: Wer sich zu viel vornimmt, wird verlieren. Darum nehmen Sie sich viel Zeit, um Ihre dicke Chance für die schlanke Linie zu nutzen. Und manchmal passiert es eben einfach: Da ist die Schokolade plötzlich unwiderstehlich. Das Verlangen nach Süßem steigert sich. Der Ruf des Körpers ist nicht zu überhören: Ich will jetzt etwas Süßes! Sofort!

Heißhunger

Kennen Sie Heißhungerattacken?

- [ ] ja, oft
- [ ] ja, gelegentlich
- [ ] nein, eigentlich nicht (Test ist für Sie beendet)

Wann erleben Sie solche Heißhungerattacken?

- [ ] nur abends
- [ ] den ganzen Tag über
- [ ] ganz unterschiedlich

Was ist typisch für Ihre Heißhungerattacken?

- [ ] bin alleine
- [ ] habe Stress/Langeweile
- [ ] geht mir gut

Was essen Sie im Heißhunger?

- [ ] eher Süßes
- [ ] eher Herzhaftes
- [ ] alles, was es gerade gibt

Kummerspeck

Das Resultat dieser plötzlichen Gier nach Süßem nennt der Volksmund „Kummerspeck“. Wenn Essen zum Trost wird. Wenn Schokolade zur Stimmungsaufhellung genascht wird. Wenn wahllos der Kühlschrank geräubert wird. Wenn die innere Stimme unmissverständlich nach einem verlangt: Essen! Dann brechen alle guten Vorsätze zusammen. Und am Ende meldet sich schließlich das schlechte Gewissen und aktiviert Schuldgefühle, wenn der Blick auf die leere Silberfolie fällt, die einmal die Tafel Schokolade umhüllte. Oft kann dann nur noch eine zweite Tafel trösten – doch der Trost hält nicht lange an ...

Zucker ist Nervennahrung

Schokolade tröstet wirklich, das ist erwiesen, denn sie enthält Zucker. Und der steigert im Gehirn die Produktion unseres körpereigenen Glückshormons Serotonin. So lernt der Organismus, bei Unbehagen, Stress, aber auch bei Langeweile oder Kummer das Signal „Süßhunger“ zu

Fettaugentabelle 6. Woche

Geplante Fettaugen	
Montag	
Dienstag	
Mittwoch	
Donnerstag	
Freitag	
Samstag	
Sonntag	
Gesamtsumme	
geteilt durch 7	**:7**
Tagesdurchschnitt	

setzen. Haben Sie Erfahrung mit diesem heftigen Süßhunger? Dann wissen Sie auch, dass es Ihnen in solchen Situationen nicht wirklich gut geht. Ihr Organismus verlangt nach Trost – nach süßem Trost.

„Standhaft bleiben!"

Dieser Gedanke kommt immer als erster in den Sinn. „Jetzt bitte keine Süßigkeiten, schließlich möchte ich doch abnehmen." Schade, denn so einfach lässt sich der Süßhunger nicht bändigen. Im Gegenteil, je standhafter der Kopf dagegen andenkt, desto stärker wird das Verlangen. Schließlich „bricht der Damm", und nach dem ersten Stückchen Schokolade kommt der bekannte Satz „Jetzt ist es auch schon egal!"

Was hilft denn wirklich?

Gegen Hunger hilft eigentlich nur eines – Essen. Daher empfiehlt die PfundsKur Ihnen: Legen Sie sich fettarme oder fettfreie Süßigkeiten bereit, beispielsweise Gummibärchen oder Russischbrot, damit Sie Ihren Süßhunger befriedigen können. Mit der flexiblen Verhaltenskontrolle haben Sie Spielraum. Sagen Sie sich: „Ich darf!" Damit der Damm nicht vollständig bricht und Sie vor einem (fast) leeren Kühlschrank dann den Katzenjammer bekommen.

Wenn Süßhunger sich meldet, darf man nicht „standhaft bleiben". Dann „bricht der Damm" und die Selbstkontrolle versagt vollends.

Kohlenhydrate sind immer Trost

Sollten Sie bereits mehr Kohlenhydrate essen und mit 20 Fettaugen am Tag auskommen, müsste bei Ihnen Süß- und

Bei Süß- und Heißhunger …

… sollten Sie sich nicht zwingen, „standhaft zu bleiben". Das macht alles noch schlimmer. Legen Sie sich Ihre „Süßhunger-Portion" für den Notfall bereit.
Essen Sie sich außerdem von morgens bis abends gut satt mit Kohlenhydraten, sodass Ihr Serotonin-Haushalt ausgeglichen ist. Meiden Sie auch Ihre typischen „Süßhunger-Situationen". Laden Sie Gäste ein, gehen Sie abends ins Kino, planen Sie mit anderen einen Besuch im Restaurant. Vor allem, wenn Sie schon gegen Spätnachmittag „nicht so gut drauf sind". Sie werden erleben, dass Heiß- und Süßhunger Sie nicht in Gesellschaft überraschen. Und wenn Sie doch einmal alleine sind und „süßen Trost" brauchen, dann gönnen Sie sich das, wonach der Körper verlangt (mit wenig Fettaugen, natürlich!).

Langeweile und Einsamkeit sind Stress für die menschliche Seele. Daher treten Heiß- und Süßhungerattacken zumeist abends auf.

Heißhunger bereits seltener auftreten. Denn wenn tagsüber viel Kohlenhydrate konsumiert werden, wird der „Anlass" für den Süßhunger abgebaut, da ausreichend Serotonin im Gehirn produziert werden kann.

Selbstkontrolle sinkt

Aber es gibt noch einen anderen Grund für die plötzlichen Hungerattacken. Am Tag haben die meisten Menschen ihr Essverhalten gut im Griff: Sie beobachten die Fettaugen, wählen die Speisen bewusst aus und lassen durchaus einmal Reste auf dem Teller, auch wenn sie noch nicht satt sind.

Mit starker Selbstkontrolle können sie Ihren Hunger „in Schach halten". Das gelingt besonders gut, wenn Kollegen oder Freunde mit am Tisch sitzen, die sie ablenken und aufheitern. Am Abend jedoch sinkt die Selbstkontrolle dieser Menschen oft und sie verfallen hilflos Heiß- und Süßhungerattacken.

Stress baut Kontrolle ab

Alle Stress-Situationen schwächen die Selbstkontrolle. Langeweile und Einsamkeit sind dabei enormer Stress für die menschliche Seele, deshalb treten Heiß- und Süßhungerattacken zumeist abends auf. Ein kleiner Appetit, der tagsüber im Bewusstsein zurückgedrängt werden kann, bahnt sich dann als Hunger seinen Weg ins Bewusstsein, und plötzlich kreist das ganze Denken nur noch ums Essen. Die Selbstkontrolle bricht und der an sich gezügelte Esser verfällt ins ungehemmte Schlemmen. Wissenschaftliche Studien bestätigen diese Erfahrung. Heiß- oder Süßhunger treten eigentlich nur am Abend auf. Wenn Menschen alleine sind. Wenn Probleme auf die Stimmung drücken oder Langeweile sie quält.

Satt essen ist Pflicht

Darum gilt als oberster Grundsatz bei der PfundsKur: Bitte satt essen. Wer am Tag

Werbung, Film und Fernsehen führen uns das „Ideal" von schlanken und schönen Menschen vor Augen. Mit der Folge, dass mehr und mehr Menschen an Ess-Störungen erkranken.

seine Hungergefühle zurückdrängt, wird spätestens gegen Abend vom Hunger überrascht. Und wenn dann die Selbstkontrolle unter Stress leidet, bahnt sich die Heißhungerattacke ihren Weg. Unaufhaltsam, doch leider mit bösen Nachwirkungen, wie Schuldgefühlen und schlechtem Gewissen (von den konsumierten Fettaugen ganz abgesehen). Im schlimmsten Fall kann dieses Schema sogar zu Ess-Störungen führen, die für die Gesundheit und die Psyche ein erhebliches Risiko darstellen.

Training 6. Woche

Versuchen Sie, sich in der kommenden Woche auf den möglichen Süßhunger vorzubereiten. Legen Sie Ihr Fettaugenziel, je nach Gewichtsabnahme, für die kommende Woche fest. Nicht vergessen: Es kommt auf die Wochenbilanz an. An einzelnen Tagen können Sie mit Guthaben oder Krediten arbeiten, sodass Sie auch einmal üppiger speisen dürfen.

Hat sich Ihr Einkaufsverhalten schon geändert? Wissen Sie über den Fettgehalt der meisten Lebensmittel Bescheid? Dann haben Sie Ihr Diplom zum Fettdetektiv bestanden!

Jetzt bitte vergessen Sie nicht, sich noch zu wiegen. Tragen Sie Ihr aktuelles Gewicht in die Tabelle auf Seite 129 ein, und dann geht es in die nächste Trainingswoche. Aber zuvor lassen Sie sich auf den nächsten Seiten von meinem Kollegen Wolfgang Schlicht in Bewegung versetzen.

Formen von Ess-Störungen

Ess-Störungen sind die Kehrseite des Schlankheitsideals in unserer Gesellschaft. Zu den Ess-Störungen gehören Magersucht (Anorexia nervosa), Ess-Brech-Sucht (Bulimia nervosa) und die Ess-Sucht (Binge eating disorder). Für Menschen mit Ess-Störungen bedeutet Nahrungsaufnahme eine permanente Bedrohung. Nicht Appetit auf Schmackhaftes, Genuss oder echter Hunger prägen ihr Essverhalten, sondern die Angst vor Kalorien. Menschen mit Ess-Störungen denken den ganzen Tag ans Essen und haben panische Angst davor, zuzunehmen. Häufige Diäten sind oft der Einstieg in eine Ess-Störung.

Magersucht

Menschen mit Magersucht empfinden sich als zu dick, haben objektiv allerdings erhebliches Untergewicht. Der Gewichtsverlust bildet Inhalt des Denkens und Handelns, die betroffenen Personen weigern sich, in ausreichendem Maße Nahrung zu sich zu nehmen. Die Abmagerung kann bis zum Tode führen.

Ess-Brech-Sucht

Die Ess-Brech-Sucht ist durch regelmäßige Heißhungerattacken gekennzeichnet, an die sich selbst herbeigeführtes Erbrechen anschließt. Die Essattacken empfinden Betroffene als Kontrollverlust, mit dem Erbrechen versuchen sie eine Gewichtszunahme durch Ess-Anfälle zu verhindern.

Ess-Sucht

Wie bei der Ess-Brech-Sucht treten bei Betroffenen regelmäßig Heißhungerattacken auf. Allerdings fehlt bei Ess-Süchtigen das entsprechende Kompensationsverhalten, d. h. es schließt sich kein Erbrechen an. Nach den Essanfällen fühlen sich die Betroffenen angeekelt, depressiv und schuldig, langfristig sind mit dieser Störung häufig Depressionen und Persönlichkeitsstörungen verbunden.

Mehr Aktivität, mehr Wohlbefinden

Die Gymnastik-Übungen zum Walking finden Sie in der 5. Woche.

Die Aufgaben dieser Woche

Die 6. Woche der PfundsKur kommt mit wenigen Veränderungen aus. Führen Sie weiterhin Ihr Bewegungstagebuch, denn dann sehen Sie, was Sie bereits geleistet haben. Für die Minifit-Variante: Schauen Sie doch einmal in der MET-Liste (Seite 50/51) nach, ob Sie eine Sportaktivität finden, die Ihnen Spaß machen könnte. Es muss nicht immer Haus- oder Gartenarbeit sein, mit der Sie Fitti sammeln.

Spielen Sie mal wieder Federball mit Ihren Kindern, gehen Sie mit Ihrem Lebenspartner zum Kegeln oder fahren Sie einfach mit dem Fahrrad. Und wenn Sie nach einer Radtour einkehren oder beim Kegeln etwas bestellen, dann wählen Sie die Getränke und Speisen mit Bedacht aus. Vergessen Sie die Fettaugen nicht. Außerdem bieten wir für die Anhänger der Minifit- wie auch der Trainingsvariante diese Woche eine Arbeitsplatzgymnastik an, sodass Sie Ihren Alltag noch bewegter gestalten können.

Treppen-Schema Walking

2 Minuten Gymnastik – 1 Minute Gehen – 1 Minute Walken – 1 Minute Gehen – 2 Minuten Walken – 1 Minute Gehen – 3 Minuten Walken – 1 Minute Gehen – 4 Minuten Walken – 1 Minute Gehen – 5 Minuten Walken – 1 Minute Gehen usw ... – 2 Minuten Gymnastik

Gymnastik nicht vergessen

Bei der Trainingsvariante geht es diese Woche weiter mit Walken. Verbessern Sie dabei Ihre Walking-Technik und versäumen Sie auch Ihre Gymnastik nicht. Behalten Sie darüber hinaus Ihre gesteigerte Alltagsaktivität bei. Beim Walking-Tempo dürfen Sie im Laufe der Woche schon einmal etwas forscher werden. Sie können bereits in eine Belastung wechseln, die der Borg-Skala nach (siehe Seite 78) mit „etwas schwer“ beurteilt wird.

Für die Aufgabe dieser Woche suchen Sie aus dem Stufenplan auf Seite 64/65 den für Sie passenden Trainingsumfang heraus. Das Ziel dieser Woche lautet entweder 13, 15 oder 17 Fitti. Verteilen Sie den Umfang wieder auf die Woche. Die Walking-Phasen dehnen Sie nun auf bis zu fünf Minuten aus. Dazu muss Ihre Trainingseinheit mindestens 20 Minuten dauern.

Testen Sie sich!

Am Ende der Woche sind Sie bereit für einen kleinen Walking-Fitness-Test. Suchen Sie sich dazu eine ebene Strecke von einem Kilometer Länge oder gehen Sie auf einen Sportplatz mit einer Rundbahn. Vom Start zum Ziel hat eine Runde die Länge von 400 Metern. Auf der Strecke

oder auf der Bahn walken Sie 1000 Meter in einem Tempo, das Sie als „etwas schwer“ bewerten.
Wenn Sie die Geschwindigkeit nicht mehr aufrechterhalten können, gehen Sie in langsamem Tempo weiter, bis Sie sich wieder erholt haben. Versuchen Sie die 1000 Meter durchzuhalten und stoppen Sie die Zeit, die Sie dafür benötigen. Aus der Tabelle können Sie ablesen, ob sie im oberen oder im unteren Bereich des Durchschnitts für Ihr Alter und Ihr Geschlecht liegen. Am Ende der PfundsKur können Sie das Ergebnis mit dem Ergebnis eines erneuten Testdurchgangs vergleichen.

1000-Meter-Zeiten

Alter	Frauen Durchschnitt minimal	Frauen Durchschnitt maximal	Männer Durchschnitt minimal	Männer Durchschnitt maximal
30	8 : 45 Min.	8 : 00 Min.	7 : 50 Min.	7 : 10 Min.
35	8 : 50 Min.	8 : 05 Min.	8 : 00 Min.	7 : 15 Min.
40	8 : 55 Min.	8 : 10 Min.	8 : 10 Min.	7 : 20 Min.
45	9 : 00 Min.	8 : 15 Min.	8 : 15 Min.	7 : 25 Min.
50	9 : 05 Min.	8 : 20 Min.	8 : 20 Min.	7 : 30 Min.
55	9 : 10 Min.	8 : 25 Min.	8 : 25 Min.	7 : 35 Min.
60	9 : 15 Min.	8 : 30 Min.	8 : 30 Min.	7 : 40 Min.
65	9 : 20 Min.	8 : 35 Min.	8 : 35 Min.	7 : 45 Min.
70	9 : 25 Min.	8 : 40 Min.	8 : 40 Min.	7 : 50 Min.

Wer dauernd sitzt – setzt laufend an

Sind Sie berufstätig und führen Sie die beruflichen Tätigkeiten sitzend aus? Dann verbrauchen Sie bei der Arbeit gerade einmal 1,5 METs – und müssten sich beim Essen eigentlich derart zurückhalten, dass es keinen Spaß mehr macht. Wir haben einen besseren Vorschlag: Dynamisieren Sie Ihre Bürozeit ein wenig. Stehen Sie auf, wenn Sie telefonieren; lassen Sie sich nicht alles bringen, holen Sie es selbst; nutzen Sie die Pausen an Ihrem Arbeitsplatz, indem Sie durch Arbeitsplatzgymnastik für mehr Bewegung sorgen.

Aktiv am Arbeitsplatz

Wenn Sie die folgenden Übungen immer wieder einmal durchführen, werden Sie sehen, dass nicht nur Ihre Muskulatur, sondern auch Ihre Arbeitsleistung davon profitiert. Führen Sie die Übungen langsam aus und wiederholen Sie jede Übung, sofern nicht anders angegeben, fünf- bis siebenmal.

Diese Woche stoppen Sie Ihre Walking-Zeit – damit Sie in der 10. Woche Ihre Fortschritte sehen.

Das „Fit im Büro“-Programm

Kräftigung von Schultergürtel und Brustmuskulatur

Ausgangsposition: Sie sitzen aufrecht.
Ausführung: Haken Sie die Finger ineinander und ziehen Sie die Schulterblätter etwa 8 bis 10 Sekunden fest zusammen. Danach drücken Sie die Handballen in Schulterhöhe etwa 8 bis 10 Sekunden gegeneinander.
Hinweis: Die Ellbogen sind bei der Übung angehoben, nicht aber die Schultern. Die Spannung ist zwischen den Schulterblättern bzw. an der Brust zu spüren.

Dehnung von Schultergürtel und Brustmuskulatur

◄ **Ausgangsposition:** Stehen Sie aufrecht seitlich zur Wand. Leichte Schrittstellung mit rechtem Bein vorne. Drehen Sie den rechten, gestreckten Arm nach außen und legen Sie die Handfläche in Schulterhöhe an die Wand.
Ausführung: Den Körper nun nach rechts drehen und 15 Sekunden halten. Auf der linken Seite wiederholen.

Ausgangsposition: Aufrechter Stand. Die Beine sind leicht gebeugt. Hinter dem Rücken umfassen Sie mit der linken Hand das rechte Handgelenk.
Ausführung: Den rechten Arm ziehen Sie zur Seite und drücken gleichzeitig den rechten Unterarm nach hinten. 15 Sekunden lang halten. ►

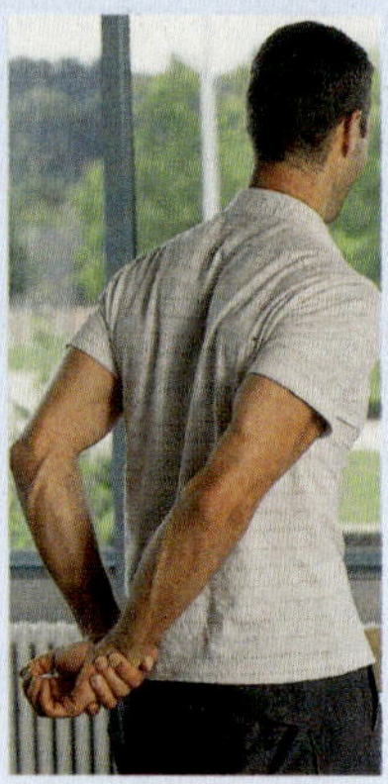

Hinweis: Die Dehnung spüren Sie an der Brust und an der Außenseite der Schulter.

Dehnung von Rumpf und Schultergürtel

Ausgangsposition: Sie sitzen bequem auf einem Stuhl. Die Beine in Hüftbreite aufstellen. Die Arme lang nach oben ausstrecken.
Ausführung: Führen Sie den Oberkörper langsam nach hinten und atmen Sie tief in den Bauch ein- und aus.
Hinweis: Nicht ins Hohlkreuz fallen!

Kräftigung des Rückens

◄ **Ausgangsposition:** Mit dem Rücken im Abstand von etwa zwei Fußlängen an eine Wand stellen, Unterarme anwinkeln und die Oberarme leicht abgespreizt an die Wand legen. Rumpfmuskulatur anspannen.
Ausführung: Drücken Sie sich mit den Ellbogen von der Wand weg, sodass sich die Schulterblätter von der Wand entfernen. Übung 15-mal wiederholen.
Hinweis: Die Spannung spüren Sie an der Schulterrückseite und zwischen den Schulterblättern.

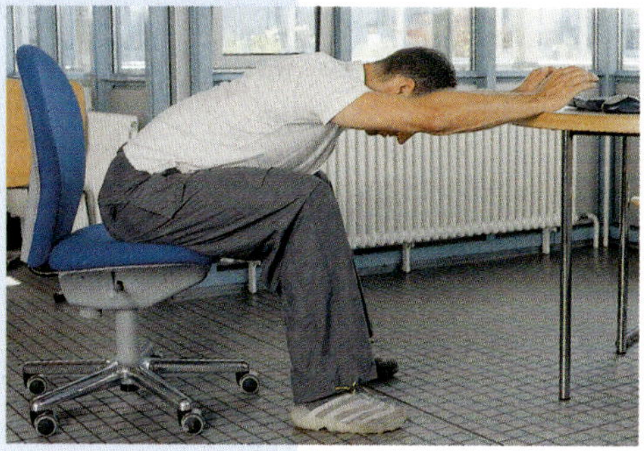

► **Ausgangsposition:** Sie sitzen bequem auf einem Stuhl. Beine in Hüftbreite aufstellen. Den Oberkörper ganz nach vorne beugen und sich mit den Handkanten auf dem Tisch abstützen.
Ausführung: 10- bis 15-mal die Hände abwechselnd von der Tischplatte abheben.
Hinweis: Die Spannung spüren Sie im oberen Rücken- und Schulterbereich.

Dehnung des Rückens

◄ **Ausgangsposition:** Sie sitzen bequem auf einem Stuhl.
Ausführung: Beugen Sie die Wirbelsäule langsam nach unten, als ob Sie Wirbel für Wirbel abrollen. Legen Sie den Oberkörper auf den Oberschenkeln ab und halten Sie die Position 10 bis 15 Sekunden.
Hinweis: Die Dehnung spüren Sie am unteren Rücken.

► **Ausgangsposition:** Sie sitzen bequem auf einem Stuhl. Beine in Hüftbreite aufstellen. Die gestreckten Arme halten Sie nach vorne und die Handrücken legen Sie aneinander.
Ausführung: Schieben Sie die Arme so weit wie möglich nach vorne und halten Sie die Position 10 bis 15 Sekunden.
Hinweis: Die Dehnung spüren Sie zwischen den Schulterblättern.

Die Deutschen bewegen sich zu wenig

In einer Studie haben Wissenschaftler des renommierten Robert-Koch-Instituts herausgefunden, dass sich die Deutschen viel zu wenig bewegen. Zwischen dem 30. und 40. Lebensjahr erreichen gerade einmal 20 Prozent der männlichen und 10 Prozent der weiblichen Bevölkerung das empfohlene Aktivitäts-Mindestmaß von 1000 Kilokalorien pro Woche, das sind etwa 37 Fitti.

Mit dem Alter nimmt die Anzahl derjenigen, die hinreichend körperlich aktiv sind, nochmals ab. Nahezu ein Drittel der 50- bis 59-Jährigen sieht sich nicht mehr im Stande, drei Stockwerke ohne Atemnot und Schwitzen zu steigen.

Der durchschnittliche Umfang moderater Tätigkeiten der Männer liegt bei täglich 2,7 Stunden, der der Frauen bei 2,6 Stunden, auch dies hat die Studie ergeben. Wenn Sie diese Werte mit Ihren Werten aus dem Bewegungstagebuch vergleichen, dann werden Sie feststellen, dass Sie bereits jetzt deutlich aktiver sind. Seien Sie stolz darauf!

Sport steigert nicht nur das körperliche, sondern auch das seelische Wohlbefinden.

Gymnastik-Fitti

Die Gymnastikübungen haben eine Intensität von circa 3 METs. Wie viele Fitti Sie in Ihrer Gewichtsklasse mit 10 Minuten Gymnastik sammeln, entnehmen Sie der nachfolgenden Tabelle. Wenn Sie die Übungen länger oder kürzer durchführen, helfen Ihnen Seite 24, 25 und 27 des Bewegungstagebuches bei der Bilanzierung der Fitti.

Gewicht (kg)	60	80	100	120
Fitti	1,0	1,5	1,8	2,0

Risiko von Herzerkrankungen senken

Regelmäßige körperlich-sportliche Bewegung hat zahlreiche positive Wirkungen, was Wissenschaftler in einer kaum mehr überschaubaren Anzahl von Studien belegen. Dass regelmäßige Bewegung hilft, das Gewicht zu reduzieren und ein Wohlfühlgewicht zu stabilisieren, haben wir ja bereits festgestellt. Durch das erhöhte Maß an Bewegung werden in unserem Körper aber eine ganze Reihe weiterer positiver Veränderungen bewirkt. So senkt sportliche Betätigung etwa das Risiko einer Herzerkrankung, indem sie normalisierend auf hohen Blutdruck und hohe Blutfettwerte wirkt. Bewegung mindert aber auch die Osteoporose-Anfälligkeit und steigert zudem die Stimmung und das Wohlbefinden.

Fast ohne Nebenwirkungen

Die gesundheitlichen Effekte von mehr Aktivität sind also keineswegs zu vernachlässigen. Und im Gegensatz zu vielen anderen Dingen, die wir tun, um positiv auf unsere Gesundheit einzuwirken, sind Sport und Bewegung nahezu frei von unerwünschten Nebenwirkungen. Um in den Genuss der positiven Wirkungen zu kommen, muss man „nur" ein wenig schwitzen und sich anstrengen.

Neben den direkten Effekten sportlich-körperlicher Aktivität gibt es auch einige bemerkenswerte indirekte Wirkungen. So scheinen aktive Personen auch eher andere gesundheitsschützende Lebensweisen zu praktizieren als inaktive Personen. Dies hat eine weltweit durchgeführte Studie der Weltgesundheitsorganisation, die so genannte Monica-Studie, belegt. Menschen, die regelmäßig Sport treiben, haben eher Normal- denn Übergewicht und sie sind seltener Raucher. Selbst jene Personen, die nur in einem mittleren Ausmaß aktiv sind, stehen deutlich besser da als die völlig Inaktiven.

Flüssigkeitshaushalt beim Sport

Je aktiver Sie werden, umso wichtiger wird es, dass Sie auf Ihren Flüssigkeitshaushalt achten. Bereits bei sportlicher Aktivität mit mittlerer Intensität wird etwa ein Liter Schweiß pro Stunde vergossen – und mit dem Schweiß verliert der Körper nicht nur Flüssigkeit, sondern auch wertvolle Stoffe wie Mineralstoffe oder Spurenelemente. Bei größerem Flüssigkeitsverlust sinkt die Leistungsfähigkeit des Körpers merklich ab, und im Extremfall (große Hitze, starke Belastung) deuten Symptome wie Schwindel, Erbrechen, Muskelkrämpfe auf gesundheitliche Gefahren hin.

Richtig und ausreichend trinken

Wappnen Sie sich dagegen und beginnen Sie Ihre Ausdaueraktivität, indem Sie Ihren Flüssigkeitshaushalt auf die Belastung vorbereiten. Trinken Sie etwa $^{1}/_{4}$ Liter Mineralwasser mit Fruchtsaft gemischt (Schorle), und Sie sind bestens vorbereitet. Bei den Belastungsumfängen, die wir Ihnen vorschlagen (unter 60 Minuten), müssen Sie während des Trainings nichts trinken. Nach dem Training sollten Sie den Schweißverlust mit Mineralwasser oder Saftschorle jedoch wieder ausgleichen. Auf Energiedrinks können Sie verzichten. Auch Zusatznahrung benötigen Sie keine. Kohlenhydrate sind ideale Energielieferanten, die Sie in kleinen Portionen auch noch vor dem Sport zu sich nehmen können.

Ungeeignet sind ...

... alkoholische Getränke, Kaffee oder Schwarztee. Meiden Sie diese, denn Sie verzögern den Wasser- und Mineralstoffausgleich.

Täglich eine halbe Stunde

Lediglich eine halbe Stunde Bewegung pro Tag müssen Sie aufwenden, dann erreichen Sie das von Sportmedizinern empfohlene Maß an Energieverbrauch, das die positiven Wirkungen sportlicher Betätigung auslöst. Die Belastungsintensität sollte moderat bis anstrengend sein, und Sie sollten große Muskelgruppen wie Bein- oder Rückenmuskulatur trainieren.

Ausdauertraining und bioaktive Substanzen

Die positive Wirkung von Obst, Gemüse und Bewegung

Volker Pudel Tag, Herr Schlicht, was bringen Sie unseren Leserinnen und Lesern in der 7. Woche nahe? Ist die PfundsKur-Gemeinde nicht schon zu einem bewegten Team geworden? Reicht das noch nicht?

Wolfgang Schlicht Da gibt es nun eine bittere Wahrheit, die wir unseren Leserinnen und Lesern zumuten müssen. Jeder Fitti, der inzwischen gesammelt wurde, ist zwar ein kleiner Gewinn, den großen Gewinn haben die PfundsKur-Teilnehmer aber erst dann, wenn Fitti-Sammeln auf Dauer das Leben bestimmt.

Volker Pudel Womit wir bei einem Leitsatz der PfundsKur sind, denn die hat nur einen Start, aber kein Ende.

Wolfgang Schlicht Genau, denn nur wenn die Fitti in eine neue Lebensweise einfließen, dann zeigen sie ihre Wirkung: Wohlbefinden und Gesundheit.

Volker Pudel Wir sind aber noch im Aufbau-Training und haben bislang das Intervall-Training bevorzugt, wie Sie beschrieben haben.

Wolfgang Schlicht Ja, und wir wechseln jetzt zur Ausdauermethode. Denn die Wirkung des Trainings steigert sich, wenn die Belastung über einen längeren Zeitraum kontinuierlich aufrechterhalten und nicht immer wieder durch Pausen unterbrochen wird.

Volker Pudel Also doch mehr Belastung, nicht mehr sanft und locker?

Wolfgang Schlicht Halt, falsch gedacht. Wir trainieren nicht, die Intensität der Belastung zu erhöhen, sondern die Zeitdauer der Belastung zu verlängern.

Volker Pudel Verstanden, also nicht heftiger, sondern länger trainieren.

Wolfgang Schlicht Richtig! Als erstes Ziel schlage ich in der kommenden Woche Trainingseinheiten von mindestens 20 Minuten vor. Das hat deutliche Fitness-Effekte.

Volker Pudel In einer Zeit, in der Zeit knapp ist, spielen Sie auf Zeit? Da rase ich doch lieber einmal um den Block, als entspannt zehn Runden um den Block zu drehen.

Wolfgang Schlicht Lieber Herr Pudel, das aber ist genau daneben gedacht. Mit dieser „Raserei“ tun Sie sich erstens nichts Gutes und zweitens haben auch Sie Zeit, wenn Sie sich Ihre Zeiteinteilung genau überlegen.

Volker Pudel Okay, Kollege, Sie haben ja Recht. Und wenn ich ganz ehrlich bin, dann versteckt sich hinter meinem Argument „keine Zeit“ eher die innere Stimme, die flüstert: „keine Lust“. Aber das gesteht man sich selbst ja auch nicht so gerne ein.

Sanft und locker bleibt es auch in der 7. Woche des Bewegungsprogramms – mit Gymnastik im Wasser.

Wolfgang Schlicht Danke, für Ihre ehrliche Analyse. Aber jetzt mal Spaß beiseite. Ich möchte alle Leserinnen und Leser motivieren, in der 7. Woche sanft und locker, dafür aber langfristiger ihre Ausdauer zu trainieren. Das ist es, was etwas bringt.

Volker Pudel Und im Vertrag, den alle mit sich selbst abgeschlossen haben, steht diese Verpflichtung ja auch drin.

Wolfgang Schlicht Klar, darum hoffe ich auch, dass die 7. Woche ein gutes Einstiegstraining wird. Ich habe mir noch ein paar Tipps überlegt, wie man sich selbst gut managen kann.

Volker Pudel Dafür kann ich diese Woche mit wirklich lustvollen Aufgaben, die „keine Zeit" erfordern, unsere Leserinnen und Leser überzeugen.

Wolfgang Schlicht Wirklich, gibt es etwas Neues beim Essen?

Volker Pudel Es geht um „pflanzliche Schutzengel", die wir essen können. Die nämlich schlummern in Obst und Gemüse. Eine ziemlich neue Entdeckung der Forschung.

Wolfgang Schlicht Also, jetzt mal ehrlich, Schutzengel im Apfel, im Spinat, in der Möhre?

Volker Pudel Richtig, es sind aber weder Vitamine noch Mineralstoffe, sondern Stoffe, die die Pflanzen beispielsweise färben oder sie vor Insektenfraß schützen.

Wolfgang Schlicht Und diese Stoffe sollen uns Menschen helfen?

Volker Pudel Genau das bewirken diese bioaktiven Substanzen. Schutz vor Herz-Kreislauf-Erkrankungen und sogar vor Krebs.

Wolfgang Schlicht Gibt es Beweise dafür, denn das klingt ziemlich unwirklich?

Volker Pudel Die gibt es in der Tat. Darum heißt es auch in den USA schon seit Jahren „Take 5 a day", iss fünf Portionen Obst oder Gemüse am Tag!

Wolfgang Schlicht Alles Kohlenhydrate, also kein Problem für die PfundsKur.

Volker Pudel So ist es – eine wunderbare Empfehlung, die auch noch schmeckt. „Nimm 5 am Tag!" heißt es also in der nächsten Woche, damit genug pflanzliche Schutzengel in den Körper gelangen.

Wolfgang Schlicht Da esse ich auch mit.

Volker Pudel Und bitte mit Ausdauer, denn darum geht es auch in den nächsten Tagen.

Paprika schützen vor Herzinfarkt, Karotten besitzen eine Antikrebswirkung. Fünfmal am Tag sollte man Gemüse und Obst essen, um die Gesundheit zu bewahren.

Bunte Mahlzeiten fördern die Gesundheit

Schutzengel im Essen

Herzlich willkommen zum Trainingsstart in die 7. Woche. Sie haben sich gewogen? Und sind zufrieden? Wenn Ihre Fettaugen und Ihre Fitti stimmen, dann kommen Sie der schlanken Linie immer näher.

Wolfgang Schlicht und ich hoffen, die PfundsKur macht Ihnen richtig Spaß. Sie haben sich daran gewöhnt, dass es keine Verbote, aber auch keine Gebote gibt. Sie essen mit Genuss, sind im Alltag mobil und auf der Waage zufrieden. Da macht es doch Freude, in die 7. Woche zu starten und etwas über die Schutzengel im Essen zu erfahren.

Fettaugentabelle 7. Woche

Geplante Fettaugen	
Montag	
Dienstag	
Mittwoch	
Donnerstag	
Freitag	
Samstag	
Sonntag	
Gesamtsumme	
geteilt durch 7	**:7**
Tagesdurchschnitt	

Rostschutzmittel

Warum sind Möhren rot-orange? Warum ist Spinat grün? Oder Zitronen gelb? Da sind eben Farbstoffe enthalten, sagen Sie richtig. Und um die geht es heute, aber nicht nur um Farbstoffe. Sie schneiden einen Apfel durch. Was passiert? Der Apfel wird braun. Kluge Menschen träufeln etwas Zitronensaft darüber: Der Apfel bleibt hell. Ohne Zitronensaft „rostet“ der Apfel, und das Vitamin C im Zitronensaft wirkt wie ein „Rostschutzmittel“.

Bioaktive Substanzen

Vitamine, Mineralstoffe und Spurenelemente sind seit langem bekannt. Aber es gibt noch mehr Stoffe in Pflanzen, die eine tolle Wirkung im menschlichen Organismus haben. Farbstoffe, wie das Beta-Carotin, aber auch Phytoöstrogene oder Flavanoide. Tausende von Stoffen mit nahezu unaussprechlichen Namen. Es sind Stoffe, mit denen sich die Pflanzen z. B. gegen die UV-Strahlen der Sonne schützen, aber auch gegen Insekten. Beim Apfel wirkt das Vitamin C der Zitrone als Antioxidationsmittel, d. h. es verhindert, dass der Sauerstoff den Apfel „rosten“ lässt. Da wir Menschen mit jedem Atemzug ebenfalls Sauerstoff aufnehmen, laufen im Organismus ähnliche Prozesse ab. „Freie Radikale“ bilden sich, die die Zellen zerstören können. Darum haben wir Menschen einen Vorteil davon, wenn wir

Bioaktive Substanzen in Massen: Allein der Brokkoli enthält über 500 bekannte pflanzliche Schutzengel.

„Antioxidantien" mit der Nahrung aufnehmen, die gegen die „freien Radikale" vorgehen.

Take 5 a day

Ausgedehnte Studien, vor allem in den USA, haben in den letzten Jahren gezeigt, dass Menschen, die regelmäßig üppige Obst- und Gemüseportionen verzehren, einen deutlich besseren Gesundheitszustand haben als die „Gemüse-" und „Obstmuffel".
Darum wurde schon vor Jahren in den USA vom „Nationalen Krebs-Institut" die große Kampagne „Take 5 a day" gestartet. Empfohlen wird, täglich mindestens fünf Portionen buntes Gemüse oder Obst zu essen, frisch gepresste Säfte zählen ebenfalls mit. In Deutschland heißt es: „Nimm 5 am Tag". Eine Aktion, die auch von der Deutschen Gesellschaft für Ernährung (DGE) unterstützt wird.

BIOAKTIVE SUBSTANZEN

- **Carotinoide** sind von Pflanzen gebildete gelbe, orange oder rote fettlösliche Farbstoffe, die über die Nahrung in den Körper gelangen. Besonders reich an Carotinoiden sind: Aprikosen, Nektarinen, Karotten, Grünkohl, Spinat, Kürbis, Brokkoli, Tomaten und Kopfsalat. Sie wirken als Radikalenfänger gegen verschiedene Krebsarten.
- **Phytosterine** ähneln dem Cholesterin und kommen hauptsächlich in fetthaltigen Lebensmitteln wie Ölen, Nüssen und Pflanzensamen vor. Sie verringern die Aufname des Nahrungscholesterins im Darm und senken den Cholesteringehalt im Blut. Sie bieten Schutz vor Herz-Kreislauf-Erkrankungen und wirken antikanzerogen (das Risiko für Dickdarmkrebs wird verringert).
- **Polyphenole** sind in Gemüse, Obst und Vollkorn, aber auch in grünem Tee, in verschiedenen Teilen der Weinrebe (Blätter, Beerenhaut) oder in Olivenblättern enthalten. Auch die zahlreichen roten bis blauen Pflanzenfarbstoffe in Früchten und Blüten (Anthocyane) gehören zu den Polyphenolen. Sie wirken antikanzerogen, antimikrobiell, immunmodulatorisch, antioxidativ und entzündungshemmend.

- **Phytoöstrogene** sind pflanzliches Östrogen, in Sojabohne, Türkischem Rhabarber, Rotklee, Schlangenkraut, Hülsenfrüchten, Vollkornprodukten sowie verschiedenen Obst- und Gemüsesorten. Sie haben vorbeugende Wirkung gegen Osteoporose, Arteriosklerose und der Entstehung von Krebs, nicht nur bei Frauen.

Der gesunde Start in den Tag: frisch gepresster Orangensaft

Nimm 5 am Tag

Diese Empfehlung erhöht nicht nur den Ess-Spaß, sondern bestimmt konkret, was wir alle tun können, um möglichst wirkungsvoll Herz-Kreislauf-Erkrankungen und viele Krebsarten zu vermeiden. Täglich fünf Portionen Obst oder Gemüse, denn die „pflanzlichen Schutzengel" darin haben langfristig eine großartige Wirkung.
Sie sollten sich den Rat „Nimm 5 am Tag" zur Gewohnheit machen. Er passt hervorragend in die PfundsKur, denn Obst und Gemüse sind Kohlenhydrate, die fit und nicht dick machen. Mit fünf Portionen Obst und Gemüse am Tag schleusen Sie „pflanzliche Schutzengel" in Ihren Organismus, um gesund und leistungsfähig zu bleiben.

NIMM 5 AM TAG

Beispiel 1
- Frühstück: frisch gepresster Orangensaft
- Zwischenmahlzeit: ein Apfel
- Mittagessen: Paprikagulasch
- Zwischenmahlzeit: Obstsalat
- Abendessen: Tomatenbrot

Bunt und abwechslungsreich

Da es Tausende von „Schutzengeln" in Obst und Gemüse gibt, heißt der Tipp: möglichst bunt essen, möglichst abwechslungsreich und vielfältig. Damit die Mischung der bioaktiven Stoffe stimmt.

NIMM 5 AM TAG

Beispiel 2
- Frühstück: Müsli mit Apfelspalten
- Zwischenmahlzeit: eine Birne
- Mittagessen: eine Portion Rotkohl
- Zwischenmahlzeit: eine Orange
- Abendessen: Gurkenbrot

In den Kästen sind ein paar Beispiele genannt, die zeigen, wie einfach es eigentlich ist, auf täglich fünf Portionen zu kommen. Gleich beim Frühstück starten, dann fällt es überhaupt nicht schwer, die fünf bunten Portionen jeden Tag zu verzehren bzw. zu trinken. Die Fettaugenbilanz wird geschont, Ihr Körper freut sich mit Ihnen.

Tagebuch gibt Auskunft

Nehmen Sie Ihr „Tagebuch Essen & Trinken" doch nochmals zur Hand und blättern durch, um zu zählen, wie oft Sie in der ersten Woche Gemüse oder Obst verzehrt haben.

Fettaugen verändern das Körpergewicht

Plus 3 Fettaugen am Tag = Gewichtszunahme um 5 kg auf Dauer

Minus 3 Fettaugen am Tag = Gewichtsabnahme um 5 kg auf Dauer

Haben Sie intuitiv die Regel „Nimm 5 am Tag“ erfüllt und in Ihrer ersten Woche insgesamt 35 Portionen oder mehr verzehrt? Dann versorgen Sie bereits Ihren Organismus mit den nützlichen pflanzlichen Schutzengeln.

Flexible Kontrolle

Vielleicht aber kommen Sie nicht auf 35 Portionen. Dann nehmen Sie Ihre Ausgangszahl und erhöhen diese um fünf Portionen als Zielgröße für die kommende Woche. Nehmen Sie sich einen Notizzettel, um eine Strichliste zu führen. So haben Sie einen guten Überblick und wissen, ob Sie Ihr Ziel erreichen können.

NIMM 5 AM TAG

Beispiel 3

- Frühstück: Gemüsesaft
- Zwischenmahlzeit: eine Orange
- Mittagessen: eine Portion Blattspinat
- Zwischenmahlzeit: ein Apfel
- Abendessen: Paprikasalat

Vergessen Sie bitte nicht, dass „Nimm 5 am Tag“ eine wissenschaftlich gut gesicherte Verhaltensstrategie fürs Leben ist. Versuchen Sie, sich den 35 bunten Portionen in der Woche langsam anzunähern. Es kommt nicht auf ein paar Tage an. Besser ist es, etwas länger zu trainieren als schon bald wieder aufzugeben. Schließlich können die Schutzengel Sie nur beschützen, wenn sie täglich Nachschub bekommen.

Start in die 7. Woche

Bestimmen Sie wieder als Zielgröße Ihre Fettaugen für die kommende Woche. Und nicht vergessen: Ihre Heißhunger-Ration bereitlegen, falls Sie die Lust plötzlich überkommt.

Planen Sie beim Einkaufen die „fünf pflanzlichen Schutzengel“ ein. Ich wünsche Ihnen eine erfolgreiche, bunte Woche und „übergebe“ Sie an meinen mobilen Kollegen Wolfgang Schlicht.

Schön fürs Auge und gut für die Gesundheit: Achten Sie beim Einkauf auf eine farbenfrohe Obst- und Gemüseauswahl.

Belastung steigern – Bewegung planen

Ausdauer trainieren

Der Wechsel von Belastungs- und Entlastungsphase, den Sie beim Walking seit Beginn der 5. Woche praktizieren, wird als Intervallmethode bezeichnet. Gerade für den Einstieg in ein ausdauerndes Sportprogramm ist diese Methode ideal.

Längerfristig können Sie die Wirkung ihres Trainings erhöhen, indem Sie die Belastung nicht nur über kurze Intervalle, sondern über einen längeren Zeitraum aufrechterhalten. Darauf können Sie in dieser Woche hinarbeiten, indem Sie die Gehpausen zwischen den Belastungen auf nur noch 30 Sekunden verkürzen und die Belastungsphasen stattdessen verlängern.

Die Aufgaben der Trainingsvariante

Bei der Trainingsvariante ermitteln Sie zu Beginn der 7. Woche wieder Ihre Fitti-Wochenplanung mit Hilfe der bereits bekannten Tabellen auf Seite 64/65. Diese Woche wählen Sie Aktivitäten mit 5 METs und teilen Ihr Wochenpensum, wie gehabt, auf mehrere Trainingseinheiten auf. Die Anstrengung sollten Sie, wenn möglich, etwas steigern. Bleiben Sie aber innerhalb des grünen Bereichs der Borg-Skala auf Seite 78. Eine Walking-Trainingseinheit sollte in dieser Woche mindestens 20 Minuten dauern und wie das Treppen-Schema oben rechts aufgebaut sein.

Vor dem Walking

Stimmen Sie sich auf das Walking wieder mit Gymnastikübungen ein. Sie finden diese in der 5. Woche.

Treppen-Schema Walking

2 Minuten Gymnastik – 1/2 Minute Gehen – 3 Minuten Walken – 1/2 Minute Gehen – 5 Minuten Walken – 1/2 Minute Gehen – 10 Minuten Walken – 1/2 Minute Gehen usw. … – 2 Minuten Gymnastik

Alltagsbewegung nicht vergessen

Behalten Sie auch Ihre erhöhte Alltagsaktivität, Ihre Früh- und Ihre Arbeitsplatzgymnastik bei und führen Sie das Bewegungstagebuch weiterhin. Von der 1. Woche an gerechnet haben Sie allein mit dem Ausdauertraining wohl schon zwischen 50 und 70 Fitti eingespielt. Ein Ergebnis, auf das Sie mit Recht stolz sein können.

Die Minifit-Variante in dieser Woche

Die Anhänger der Minifit-Variante bleiben diese Woche Ihrer vertraglichen Vereinbarung treu. Schön wäre es, wenn auch Sie einmal einige Minuten walken würden. Die richtige Walking-Technik finden Sie auf Seite 77. Aber auch Schwimmen oder ein paar Kilometer Radfahren sind für Ihr körperliches Wohlbefinden und Ihre Fitti-Bilanz ein Gewinn.

Aqua-Gymnastik

Als Alternative oder als sinnvolle Ergänzung Ihres Bewegungsprogramms wollen wir Sie auch auf die Aqua-Gymnastik aufmerksam machen. Aqua-Gymnastik – ein optimales Körper- und Bewegungstraining – ist eine sehr sanfte Methode zum Muskelaufbau. Durch den Auftrieb des Wassers sind die Gelenke entlastet, und den Wasserwiderstand kann man in idealer Weise zur Kräftigung der Muskulatur nutzen. Wir haben Ihnen einige Übungen zusammengestellt, die Ihnen Anregungen für ein dosiertes Wasser-Krafttraining geben.

Einzige Voraussetzung dazu: In Ihrer Nähe sollte sich ein Schwimmbad befinden, das über ein Becken verfügt, in dem Sie in bis zu brusthohem Wasser bequem stehen können.

Das Aqua-Gymnastik-Programm

Wir haben sieben Übungen für Sie zusammengestellt, die Sie auch in Form eines Zirkeltrainings praktizieren können. Führen Sie die Übungen jeweils so lange oder so häufig aus wie in der Beschreibung angegeben. Nach jeder Übung machen Sie ein bis zwei Minuten Pause. Nach der letzten Übung und einer kleinen Pause können Sie mit der ersten Übung wieder von vorne beginnen. Je nach Ausdauer können Sie den „Zirkel" drei- bis fünfmal wiederholen.

Auf der Stelle gehen

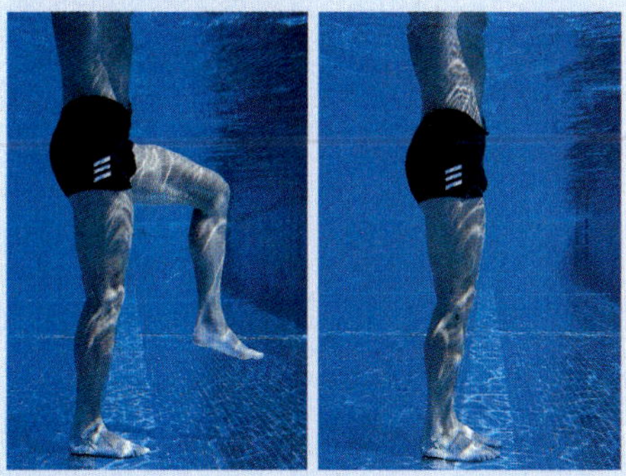

Ausgangsposition: Sie stehen in brusthohem Wasser.
Ausführung: Gehen Sie im Wasser auf der Stelle. Knie möglichst bis zur Waagerechten anheben. Arme gegengleich mitführen (linker Arm, rechtes Bein und umgekehrt). Im Wechsel circa 1 Minute Belastung und 1 Minute Pause. Übung 3- bis 5-mal wiederholen.

Wechselsprünge

Ausgangsposition: Sie stehen in brusthohem Wasser.
Ausführung: Leichtes Hüpfen mit Links-rechts-Wechsel der Beine. Wiederholen Sie die Übung 10- bis 15-mal.

Aqua-Gymnastik

„Side to side"

Ausgangsposition: Grätschstellung mit leicht nach außen gedrehten Füßen und gebeugten Kniegelenken.
Ausführung: Verlagern Sie das Körpergewicht auf ein Bein und strecken Sie das entlastete Bein. Dabei wird der Körper leicht angehoben. Anschließend gehen Sie wieder zurück in die Ausgangsposition. Dann verlagern Sie das Gewicht auf das andere Bein. Dauer der Übung 30 bis 45 Sekunden.

Kicks unter Wasser

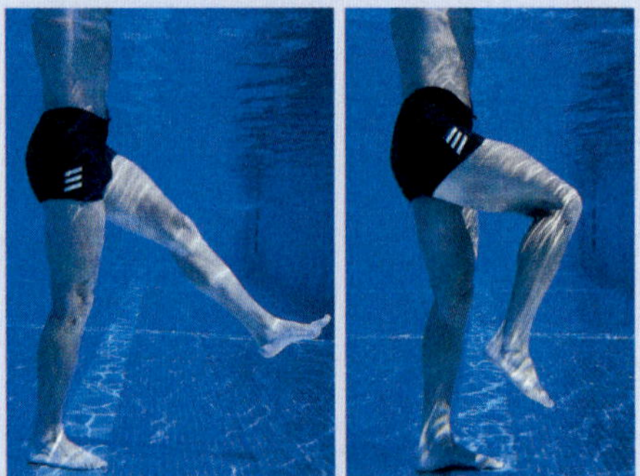

Ausgangsposition: Sie stehen in brusthohem Wasser. Füße parallel.
Ausführung: Aus der parallelen Ausgangsstellung heben Sie ein Bein an und „kicken" es nach vorne aus. Anschließend ziehen Sie es wieder zum Körper heran und wiederholen den „Kick" mit dem anderen Bein. Dauer der Übung 30 bis 45 Sekunden.

Überkreuzsprünge

Ausgangsposition: Grätschstellung mit leicht angewinkelten Knien und nach außen gedrehten Füßen.
Ausführung: Lockeres Federn und Abspringen. Landen Sie mit gekreuzten Beinen und springen Sie wieder in die Ausgangsstellung zurück. Beim Überkreuzen nehmen Sie im Wechsel das rechte und das linke Bein nach vorne. Übung 10- bis 15-mal wiederholen.

Selbstmanagement-Techniken

Mittlerweile hat sich eine ganze Reihe von PfundsKur-Aufgaben angesammelt. Und vielleicht fragen Sie sich, wann Sie dies denn alles bewältigen sollen? Hier hilft die angewandte Psychologie, die zur Aufrechterhaltung von Absichten sehr nützliche Selbstmanagement-Techniken entwickelt hat. Eine ist die Buchführung (Bewegungstagebuch), die Sie bereits betreiben. Eine andere einfache, aber sehr wirkungsvolle Methode, sich an seine eigenen Ziele zu binden, besteht darin, Aufgaben konsequent terminlich zu planen. Wie sie diese Methode für Ihr Aktivitätsprogramm nutzen können, zeigen wir Ihnen.

Aqua-Gymnastik in Fitti

Die Aqua-Gymnastik hat eine Intensität von 4 METs. Auch hier können Sie zur Berechnung wieder die Tabelle auf der Seite 66 (4. Woche) oder die Formel im Bewegungstagebuch Seite 24/25 nutzen. Noch einmal zur Erinnerung: Bei 70 kg Körpergewicht sammeln Sie 1 Fitti, wenn Sie 6 Minuten Aqua-Gymnastik machen. Machen Sie 15 Minuten Aqua-Gymnastik, dann sammeln Sie etwa 2,5 Fitti.

Ihr Wochen-Terminplan

Nehmen Sie sich zehn Minuten Zeit und erstellen Sie mit Hilfe des Schemas auf Seite 102 Ihren persönlichen Wochen-Terminplan. Nun brauchen Sie noch einen dicken Filzstift (gerne auch mehrere in

Beinschlag in Bauchlage

Ausgangsposition: Sie befinden sich in Bauchlage. Die Arme sind auf ein Schwimmbrett aufgestützt, alternativ können Sie sich aber auch am Beckenrand festhalten.
Ausführung: Bewegen Sie die Beine nun auf und ab, wobei die Bewegung hauptsächlich aus dem Hüftgelenk kommt. Dauer der Übung: 20 bis 30 Sekunden.
Hinweis: Verfallen Sie nicht ins Hohlkreuz.

Beinschlag in Rückenlage

Ausgangsposition: Sie befinden sich in Rückenlage. Die Arme und der Kopf sind auf ein Schwimmbrett oder am Beckenrand aufgestützt.
Ausführung: Auch bei dieser Übung bewegen Sie die Beine auf und ab, wobei die Hauptaktion auch wieder aus dem Hüftgelenk kommt. Dauer der Übung: 20 bis 30 Sekunden.

Plausible Irrtümer und ihre Folgen

„Alte Hüte" und Training in der optimalen Frequenz

Wolfgang Schlicht Na, Herr Kollege, was bringen Sie unseren Leserinnen und Lesern in der nächsten Woche? Wieder etwas Neues?

Volker Pudel Nein, eher „alte Hüte" und eine Woche zur Entspannung. Das Fettaugentraining geht weiter – inzwischen auch schon ein „alter Hut", der aber mittlerweile seine Wirkung zeigt.

Wolfgang Schlicht Und die anderen „alten Hüte". Wen wollen Sie denn mit Altbekanntem noch vom Hocker reißen?

Volker Pudel Aufgepasst, Herr Schlicht, ich beginne einmal bei Ihnen. Den „alten Hut", dass Spinat viel Eisen hat, den kennen Sie doch auch.

Wolfgang Schlicht Klar, finde ich nicht aufregend. Hat mir meine Mutter schon beigebracht. Aber es hat damals nicht geholfen. Erst seitdem ich selbst koche, esse ich gerne Spinat. Das viele Eisen im Spinat interessiert mich dabei wenig ...

Volker Pudel ... denn dieser „alte Hut" ist nicht nur alt, sondern auch noch falsch.

Wolfgang Schlicht Kein Eisen im Spinat?

Volker Pudel Jedenfalls nicht übertrieben viel, wie fälschlicherweise immer erzählt wurde.

Wolfgang Schlicht Aber die US-Amerikaner haben im Zweiten Weltkrieg sogar Spinatplantagen angelegt, um ihre Armee mit Eisen zu versorgen.

Volker Pudel Richtig, das stimmt, doch auch die Amerikaner sind einem Druckfehler aufgesessen.

Wolfgang Schlicht Das glaube ich nicht, Druckfehler mit Weltwirkung?

Volker Pudel Darum geht es in der kommenden Woche. Um Ernährungsirrtümer, die wir alle kennen, die aber nur begangen wurden, weil sie eigentlich plausibel sind.

Wolfgang Schlicht Spannend, verraten Sie mir schon ein paar Irrtümer?

Volker Pudel Trennkost wirkt nur, weil Kohlenhydrate und Eiweiß getrennt werden.

Wolfgang Schlicht Richtig, so habe ich das auch mal gelesen.

Volker Pudel Diäten machen schlank.

Wolfgang Schlicht Na ja, das habe ich bei der Pfunds-Kur schon gelernt, dass das nicht stimmt.

Volker Pudel Richtig, aber das mit der Trennkost ist auch falsch.

Wolfgang Schlicht Gibt es noch mehr Irrtümer?

Volker Pudel Früher war die Ernährung viel besser!

Wolfgang Schlicht Das glaube ich auch. Ist das denn ebenfalls ein Irrtum?

Volker Pudel Ganz bestimmt ist das eine sehr optimistische Interpretation der katastrophalen Ernährungslage unserer Großeltern.

Wolfgang Schlicht Offenbar existieren eine ganze Menge Irrtümer ...

Volker Pudel ... die ich im folgenden Kapitel besprechen möchte. Schließlich ist das Thema „Ernährung" zu einem traurigen Kommunikationsproblem geworden...

Wolfgang Schlicht ... in Zeiten von BSE, Maul- und Klauenseuche und Nitrofen.

Volker Pudel Gibt es in Ihrem Bereich eigentlich auch Irrtümer?

Wolfgang Schlicht Ja, etwa wenn einer nach der Maxime trainiert: Viel und intensiv hilft viel. Ein verhängnisvoller Irrtum! Nur Schritt für Schritt in einem langsamen Tempo und mit der notwendigen Rast erklimmt man steile Berge. Und irgendwann steht man dann auf dem Gipfel, während die „Sprinter" mit hängender Zunge auf halber Höhe stecken geblieben sind.

Volker Pudel Wie bei unserem PfundsKur-Training. Wer die 8. Woche bereits gemeistert hat, dem ist der Gipfel doch viel näher als die Talsohle; da sollte man nicht mehr umkehren.

Wolfgang Schlicht Richtig, darum heißt es: Aufgeben lohnt nicht. Das Ziel ist fast erreicht.

Volker Pudel Die 10. Woche ist in greifbarer Nähe.

Wolfgang Schlicht Und der Start liegt bereits sieben Wochen zurück! Ich werde in dieser Woche vor allem noch etwas über die kluge Dosierung der Belastung sagen.

Volker Pudel Wie der Organismus seine Energie bezieht, wenn er gefordert wird?

Wolfgang Schlicht Ja, weil er sich aus den Kohlenhydratvorräten, aber auch aus den Fettreserven versorgen kann. Das hängt von der Intensität der Belastung ab. Da haben wir viele Kenntnisse aus der Sportmedizin, von denen auch unsere Leserinnen und Leser profitieren können.

Volker Pudel Auch beim Walken oder Radfahren?

Wolfgang Schlicht Aber ja doch, das besprechen wir alles im nächsten Kapitel. Wie der Fahrradsattel eingestellt sein muss, beispielsweise. Oder wie man in den optimalen Trainingsbereich gelangt. Ich erkläre auch, was Superkompensation ist. Es gibt spannende Vorgänge im Körper, die sich zu wissen lohnen.

Volker Pudel Dann wünsche ich allen Leserinnen und Lesern viel Spaß mit Ihrem neuen sportmedizinischen Wissen ...

Wolfgang Schlicht ... und tolle Aha-Erlebnisse bei den plausiblen Irrtümern.

Manche Ernährungsirrtümer verändern das Leben Tausender von Menschen – bestes Beispiel ist die Geschichte des Spinats.

Früher war alles besser!

Es ist leider so: Irrtümer werden nur begangen, weil sie so plausibel sind!

Irrtümer sind plausibel

Ich begrüße Sie herzlich zur 8. Trainingswoche! Fettaugen und Fitti stimmen? Sie betrachten sich schon gerne im Spiegel? Gut, dann möchte ich Ihnen für die 8. Woche ein paar beschauliche Geschichten erzählen, die Sie vermutlich alle kennen. Doch Sie müssen entscheiden: Dichtung oder Wahrheit?

Diäten machen schlank!

Klar, wer nichts mehr isst, wird dünner. Wer sich mit 1000 Kalorien begnügt, muss abnehmen. Klingt plausibel, ist dennoch ein Irrtum. Der Körper ist auf Notzeiten gut vorbereitet. Er spart, um das Überleben zu sichern. Baut Muskeln ab, senkt den Grundumsatz. Darum irrt ein Mensch, der schlank werden will und einfach wenig isst.

Fettaugentabelle 8. Woche

Geplante Fettaugen	
Montag	
Dienstag	
Mittwoch	
Donnerstag	
Freitag	
Samstag	
Sonntag	
Gesamtsumme	
geteilt durch 7	**:7**
Tagesdurchschnitt	

Schnaps fördert die Verdauung

Ein „schöner" Irrtum, der sich aber erst auf der Waage als solcher entpuppt. Alkohol stoppt die Fettverbrennung und wirkt „wie Fett". Darum kennen Sie bereits blaue und gelbe Fettaugen!

Trennkost ist toll!

In der Tat, eine tolle Erfindung von Dr. Hay aus den 20er-Jahren. Millionen haben Kohlenhydrate und Eiweiß getrennt, weil sie glauben, der Mensch könne diese beiden Nährstoffe nicht zusammen verdauen. Doch für diese „tolle Ernährungsform" gibt es keine wissenschaftliche Basis. Übersäuerung und Fäulnis stellen sich nicht ein, wenn Kohlenhydrate und Eiweiß zusammentreffen, denn den Säure-Basen-Haushalt reguliert der Körper perfekt. Nicht einmal die Muttermilch erfüllt die Trennkostregeln, und dabei hat sich die Natur bestimmt etwas gedacht.

Morgens essen wie ein Kaiser

Klar, wenn Sie zu früher Stunde (wie unsere Vorfahren) aufs Feld ziehen und körperlich schwer arbeiten. Doch wer ist heute noch ein moderner Schwerstarbeiter? Die gute alte Regel ist heute eher ein

So macht das Frühstück fit: leicht, fettarm und vitaminreich.

Irrtum. Auf die Fettaugen kommt es an und auf „Nimm 5 am Tag“ gleich zu Beginn des Tages. Frühstücken Sie leicht und bunt.

Spinat liefert Eisen

Der gigantische „Eisenlieferant Spinat“ ist schon seit 100 Jahren als Druckfehler erkannt. Nicht 34 Milligramm, sondern nur 3,4 Milligramm Eisen sind in 100 Gramm Spinat. Nicht wenig, aber lange nicht so viel, wie immer gedacht wurde. Und gerade dieser Irrtum machte Generationen von Kindern zu „Spinatverweigerern“, denn: „Das musst Du essen, das ist gesund“ schmeckt Kindern gar nicht. Erst der „Blubb“ machte den Spinat wieder attraktiv.

Früher war alles besser

Das glauben viele, weil es plausibel ist. Doch es ist falsch. Früher gab es wenig Nahrung, schlechte Qualitäten, Hygieneprobleme, die zu Lebensmittelvergiftungen führten. Lebensmittelvielfalt und -qualität sind heute einmalig seit Menschengedenken. Allerdings immer noch verbesserungswürdig, wie viele Skandale gezeigt haben.

Entschlackungskur

Ein unausrottbarer Irrtum, zumal viele Menschen auf „Entschlackungskuren“ fahren. Es gibt keine Schlacken im Körper. Stoffe, die der Organismus nicht verwerten kann, werden täglich mit Urin und Stuhl ausgeschieden. Der Mensch ist eben kein Hochofen, in dem nach der Verbrennung Schlacken anfallen.

Glaube gibt Sicherheit ohne Beweis;

Gentechnik ist ungesund

Wirklich? Das gentechnisch erzeugte Insulin für Diabetiker wird akzeptiert, wie Medizin allgemein auch. Aber Gentechnik im Essen – furchtbar. Dabei unter-

Wissenschaft gibt Beweise ohne Sicherheit.

Keine Lebensmittelsicherheit?

Die Schlagzeilen über Lebensmittelskandale erschrecken viele Verbraucher. Besonders dann, wenn schwer verständlich ist, um was es eigentlich geht, wie bei BSE, Maul- und Klauenseuche oder Nitrofen. Dann erleben viele einen Vertrauensbruch („Ich bin getäuscht worden!“) und überreagieren gefühlsmäßig mit Kaufverweigerung. Doch die „echten“ Ernährungsprobleme sind Übergewicht und andere Erkrankungen, die durch ungünstige Auswahl und Zusammenstellung der Speisen verursacht werden.

Essen ist mehr als nur Ernährung!

scheidet sich Gentechnik nur bedingt von Züchtung: Denn was hat eigentlich die Züchtung bewirkt? Genstrukturen verändert. Nur nicht mit Technik, sondern mit der Ausdauer der Züchter. Nahezu alle „Naturprodukte" sind züchterisch geprägt, die Wildform wird im Supermarkt nicht mehr angeboten. Auch nicht bei Rindern oder Schweinen. Vor den Risiken bei der Züchtung fürchtet sich kaum jemand. Bei der Gentechnik sind strenge Kontrollen damit sinnvoller als Angstgefühle.

Milch ist in unseren Breitengraden erwiesenermaßen die beste natürliche Nahrungsquelle für Kalzium.

Milch nur für Kälber

Ein Irrtum, den verschiedene „Ernährungsapostel" verbreiten. Milch und Milchprodukte sind die wichtigsten Kalziumlieferanten. Für starke Knochen und gegen Osteoporose. Wenn Asiaten keine Milch vertragen (was tatsächlich so ist), dann spricht das nicht gegen den Milchkonsum in Europa. Wir haben hier weniger Sonnenlicht als z. B. in Thailand, und die UV-Strahlen helfen den Asiaten, Kalzium aus dem Blattgemüse besser zu verwerten. Für uns ist Milch wichtig. Die Kalziumaufnahme, insbesondere im Kindes- und Jugendalter, erhöht die Knochendichte. Darum ist Osteoporose, auch wenn sie erst ab einem Alter von 50 Jahren auftritt, eigentlich eine Kinderkrankheit.

Fleisch ist Lebenskraft

Auch wenn dieser Satz immer wieder als Werbung über den Fernseher flimmert, wird er nicht richtiger. Fleisch ist ein wertvolles Lebensmittel, es liefert gut verwertbares Eisen – in den letzten Jahren auch zunehmend mit weniger Fettaugen. Aber einzigartig und unverzichtbar ist Fleisch dennoch nicht. Schließlich ist die Gesundheit von Vegetariern nicht beeinträchtigt, sondern eher besser als die von Fleischessern. Gegen einen mäßigen Fleischkonsum ist aus ernährungsphysiologischer Sicht nichts einzuwenden.

Das PfundsKur-Geheimnis

Wenn Sie einen „schlanken Mix" essen, also mehr Kohlenhydrate und weniger Fett, dann verbessern Sie Ihre Ernährung ganz automatisch. Sie bekommen mehr Vitamine, Mineral- und Ballaststoffe. Trinken Sie viel Mineralwasser oder Schorle, dann wird aus Ihrer Ernährung eine runde Sache. Und lassen Sie vor allem Ihren Geschmack mitbestimmen, wenn Sie Ihr Essen planen. Denn eines ist kein Irrtum, wenngleich sehr plausibel: Essen ist mehr als nur Ernährung!

Ausblick auf die 8. Woche

Für die nächste Woche habe ich keine konkreten Aufgaben für Sie. Erleben Sie einfach, wie gut Ihnen Ihr neues Essverhalten bereits in Fleisch und Blut übergegangen ist. Ich wünsche Ihnen eine angenehme Woche und viel Spaß mit den Bewegungsideen von Wolfgang Schlicht.

Das Ziel rückt näher

Mit Ausdauer zur gezielten Fettverbrennung

Zu Beginn der PfundsKur standen wichtige Aufgaben vor Ihnen: Fettaugen reduzieren, Fitti sammeln und einige lieb gewonnene Verhaltensweisen über Bord werfen. Da haben Sie sich einiges vorgenommen. Klar, dass hin und wieder auch Rückschläge auftreten können. Wenn man aber, wie Sie, bis zur inzwischen 8. Woche so viel an Wegstrecke zurückgelegt hat, dann ist der Gipfel bereits näher als die Talsohle, und der Abstieg lohnt nicht mehr. Also: Halten Sie an Ihrem Ziel fest. Marschieren Sie mit der Minifit- oder der Trainingsvariante weiter oder steigen Sie von der einen auf die andere Variante um. Das ist jederzeit möglich, und das Prinzip ist Ihnen inzwischen ja vertraut!

Das richtige Maß an Beanspruchung

In den vergangenen Wochen haben Sie die Intensität Ihrer sportlichen Aktivitäten über die Methode der Selbsteinschätzung kontrolliert. Wir wollen Ihnen in dieser PfundsKur-Woche noch einige weitere Informationen geben, wie sportliches Training funktioniert bzw. wie Ihr Körper auf Beanspruchung reagiert. Man nennt das auch Belastungssteuerung. So können Sie auch nach Ablauf der zehn PfundsKur-Wochen Umfang und Intensität der Bewegung so wählen, dass sie Ihnen bestmöglich nützt. Sportwissenschaftler teilen das, was im Alltagssprachgebrauch mit Fitness bezeichnet wird, in so genannte Fähigkeitsdimensionen ein. Sie unterscheiden dabei Kraft, Schnelligkeit, Ausdauer, Beweglichkeit und Koordination. Mit dem eingangs durchgeführten Fitness-Test haben Sie die Ausprägung Ihrer Kraft- und Ausdauerfähigkeiten gemessen.

In der 8. PfundsKur-Woche sind Sie Ihrem Ziel ganz nah. Der Rückweg lohnt nicht mehr!

Aus gesundheitlichen Gründen nimmt die Ausdauer unter den Fitness-Dimensionen einen wichtigen Platz ein. Denn wer seine Ausdauer regelmäßig trainiert, stärkt sein Herz-Kreislauf-System und regt seinen Stoffwechsel an. Doch damit diese positiven Effekte des Trainings auch wirklich erzielt werden, gilt es, die Belastung klug zu dosieren.

Energiegewinnung im Körper

Der Organismus muss einiges leisten, damit wir uns ausdauernd bewegen können. Er muss für die Bewegung Energie mobilisieren, die er mit der Nahrung aufgenommen und in Depots (in der Leber, Muskulatur, Fettmasse) gelagert hat. Im

Prinzip kann er Energie auf zweierlei Art gewinnen. Zum einen kann er dazu den durch die Atmung aufgenommenen Sauerstoff nutzen und eingelagerte Kohlenhydrate sowie die vorhandenen Fette verbrennen. Zum anderen kann er – wenn weniger Sauerstoff zur Verfügung steht, als zu gleicher Zeit benötigt wird – Energieträger auch ohne Sauerstoff in Energie umwandeln.

Allerdings hat der Körper diesen letztgenannten Weg nur für Notsituationen vorgesehen, er kann ihn nicht lange durchhalten – bei untrainierten Personen wird die Tätigkeit innerhalb von 30 bis 40 Sekunden abgebrochen.

Herzfrequenz ist die Häufigkeit des Herzschlags pro Minute. Oft spricht man kurz und knapp auch vom Puls.

Herzfrequenz ermitteln

Die erstgenannte Form der Energiebereitstellung ist für die PfundsKur die wichtigste. Sie verbrennt Fett und reduziert die Fettreserven. Sie hat unser Training bislang bestimmt und soll es auch in den kommenden Wochen prägen. Dabei wollen wir das zukünftige Training noch gezielter steuern, sodass für die Energiebereitstellung das richtige Maß an Sauerstoff zur Verfügung steht und der Körper optimal Fett verbrennt.

Maximale Herzfrequenz

Maximale Herzfrequenz (HFmax) = 220 – Lebensalter

Die Trainings-Herzfrequenz (THF) liegt bei 60 bis 80 Prozent der HFmax.

Beim Lösen dieser Aufgabe hilft die Herzfrequenz. Denn bei maximaler Leistungsfähigkeit befinden wir uns im Bereich der „sauerstoff- und fettlosen“ Verbrennung, während wir bei 60 bis 80 Prozent in einem für die Fettverbrennung optimalen Bereich trainieren.

Für die grobe Ermittlung Ihrer maximalen Herzfrequenz ziehen Sie von 220 Schlägen pro Minute Ihr Lebensalter ab. Für einen 40-Jährigen beträgt demnach die maximale Herzfrequenz 180 Schläge pro Minute. Die Trainings-Herzfrequenz (THF), die sicherstellt, dass er in der gewünschten Form der Energiebereitstellung trainiert, macht davon 60 bis 80 Prozent aus und liegt nach dieser Berechnung zwischen 108 bis 144 Schlägen pro Minute.

Berechnung mit der Ruhe-Herzfrequenz

Eine genauere Methode zur Ermittlung der optimalen Trainings-Herzfrequenz hat der finnische Sportmediziner Karvonen entwickelt. Für diese Vorgehensweise benötigen Sie Ihre Ruhe-Herzfrequenz, die Sie morgens direkt nach dem Aufwachen, noch im Bett liegend, ermitteln können. Das geht entweder per Hand (mit dem Zeige- und Mittelfinger unterhalb des Unterkiefers) oder mit Hilfe eines Blutdruckmessgerätes, das viele schon zu Hause haben.

Da die Berechnung nach Karvonen etwas komplizierter ist, haben wir in der folgenden Tabelle für Sie die Berechnungen des Trainings-Herzfrequenz-Bereichs vorbereitet. Sie brauchen nur noch Ihre Ruhefrequenz zu ermitteln und in der Tabelle bei Ihrer Altersklasse nachzuschauen,und schon kann es losgehen. Sie trainieren dann mit der optimalen Trainings-Herzfrequenz, um Ihre Ausdauer gezielt zu steigern.

Trainingsbereiche

Alter	max. Herzfrequenz	Ruheherzfrequenz	Trainingsherzfrequenz-Bereich		Ruheherzfrequenz	Trainingsherzfrequenz-Bereich		Ruheherzfrequenz	Trainingsherzfrequenz-Bereich	
			min	**max**		**min**	**max**		**min**	**max**
30	190	**60**	138	164	**65**	140	165	**70**	142	166
35	185	**60**	135	160	**65**	137	161	**70**	139	162
40	180	**60**	132	156	**65**	134	157	**70**	136	158
45	175	**60**	129	152	**65**	131	153	**70**	133	154
50	170	**60**	126	148	**65**	128	149	**70**	130	150
55	165	**60**	123	144	**65**	125	145	**70**	127	146
60	160	**60**	120	140	**65**	122	141	**70**	124	142
65	155	**60**	117	136	**65**	119	137	**70**	121	138
70	150	**60**	114	132	**65**	116	133	**70**	118	134
75	145	**60**	111	128	**65**	113	129	**70**	115	130

Trainingsbereiche

Alter	max. Herzfrequenz	Ruheherzfrequenz	Trainingsherzfrequenz-Bereich		Ruheherzfrequenz	Trainingsherzfrequenz-Bereich		Ruheherzfrequenz	Trainingsherzfrequenz-Bereich	
			min	**max**		**min**	**max**		**min**	**max**
30	190	**75**	144	167	**80**	146	168	**85**	148	169
35	185	**75**	141	163	**80**	143	164	**85**	145	165
40	180	**75**	138	159	**80**	140	160	**85**	142	161
45	175	**75**	135	155	**80**	137	156	**85**	139	157
50	170	**75**	132	151	**80**	134	152	**85**	136	153
55	165	**75**	129	147	**80**	131	148	**85**	133	149
60	160	**75**	126	143	**80**	128	144	**85**	130	145
65	155	**75**	123	139	**80**	125	140	**85**	127	141
70	150	**75**	120	135	**80**	122	136	**85**	124	137
75	145	**75**	117	131	**80**	119	132	**85**	121	133

Übung macht den Meister

Zunächst sollten Sie das Messen Ihrer Herzfrequenz üben. Probieren Sie es gleich einmal aus. Nehmen Sie dazu eine Uhr mit Sekundenzeiger zur Hand. Das Tasten des Pulses, um Ihre Herzfrequenz zu ermitteln, funktioniert am einfachsten mit dem Zeige- und Mittelfinger der rechten oder linken Hand. Drücken Sie die beiden Finger sanft auf die Halsschlagader unterhalb des Unterkiefers. Wenn Sie die richtige Stelle gefunden haben, fühlen Sie jetzt Ihren Puls. Zählen Sie 15 Sekunden lang die Schläge. Multiplizieren Sie diese Zahl mit 4, dann haben Sie die Anzahl der Schläge pro Minute. Wenn Sie Ihre Ruhefrequenz ermitteln möchten, dann sollten Sie dieses sofort morgens nach dem Aufwachen noch im Bett tun.

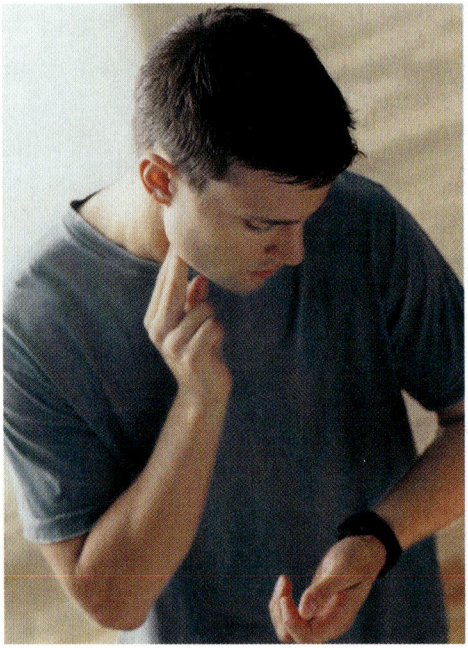

Den Puls messen Sie mit Zeige- und Mittelfinger unterhalb Ihres Unterkiefers an der Halsschlagader.

Die Belastung bestimmen

Ihre Belastungsfrequenz können Sie mit der Handmethode natürlich nicht fortlaufend bestimmen. Dazu benötigt man ein Herzfrequenz-Messgerät, mit dem Sie sich später einmal belohnen können. Fürs Erste leistet die Hand-Messmethode aber gute Dienste. Gehen Sie dazu wie folgt vor: Belasten Sie sich erst einmal fünf Minuten, bleiben Sie kurz stehen und ermitteln Sie die Schlagfrequenz. Wenn diese der gewünschten Frequenz entspricht, setzen Sie die Belastung im bisherigen Tempo fort, wenn sie zu hoch oder zu niedrig ist, passen Sie Ihre Geschwindigkeit entsprechend an.

Mal was Neues probieren

Wenn Sie aus den Erfahrungen der zurückliegenden Wochen ein bisschen Spaß am Ausdauertraining gefunden haben

Expertenhilfe

Beim Radfahren gilt es einige technische Aspekte zu beachten. Auch hier gibt es – für alle, die es genauer wissen möchten und die während der PfundsKur das sportliche Radfahren entdecken – hilfreiche Hinweise von der AOK und den Radsportverbänden.

Für Ausdauer und Gelenke ist Radfahren besonders günstig.

und sich überlegen, Walking mit anderen Formen der Bewegung zu kombinieren, bieten sich Radfahren und Schwimmen an. Beide Sportaktivitäten entlasten die Gelenke und eignen sich sehr gut zum Training der fettverbrennenden Ausdauer. Wenn Sie Radfahren vorziehen, brauchen Sie nicht viel Geld für ein Sportgerät zu investieren. Benutzen Sie Ihr vorhandenes – und verkehrssicheres – Tourenrad. Aber bitte kaufen Sie sich unbedingt einen Sturzhelm und tragen Sie ihn auch! Bei nahezu 80 Prozent aller Radfahrunfälle entstehen Kopfverletzungen, die sich durch einen Helm vermeiden oder in ihrer Ernsthaftigkeit vermindern lassen. Vom TÜV, von ANSI oder SNELL geprüfte Helme kosten etwa € 50,– bis 60,– und sind in jedem Fahrradladen zu kaufen.

Das Fahrrad muss „passen“

Für die nächsten Wochen reicht es, wenn Sie darauf achten, dass Ihr Fahrrad zu Ihrer Körperhöhe passt, die Sattelhöhe stimmt und Sie mit Frequenz und nicht mit Kraft fahren. Für die Anpassung an die Körpergröße ist vor allem die Rahmenhöhe des Fahrrads wichtig. Bis zu einer Körpergröße von 1,70 Meter brauchen Sie einen eher kleinen Rahmen (Small), bis zu 1,80 Meter fahren Sie einen normalen oder mittleren Rahmen (Medium) und ab 1,80 Meter sollten Sie einen großen (Large) Rahmen bevorzugen. Bei Mountainbikes und Trekkingrädern sind die Rahmen übrigens immer etwas kleiner. Die Sattelhöhe Ihres Fahrrads stellen Sie so ein, dass Sie im Stehen mit der Spitze des einen Fußes Bodenkontakt haben und mit der Ferse des anderen die Pedale in der tiefsten Stellung berühren.

Die Minifit-Variante in der 8. Woche

Bei der Minifit-Variante wäre es an der Zeit, den zeitlichen Umfang der Aktivität wieder etwas auszudehnen oder die Intensität der Belastung (METs) zu steigern, um auch die Fitti-Bilanz zu erhöhen. Wie wäre es, wenn Sie in dieser Woche dreimal 10 Minuten Gymnastik machen und

REIZSTÄRKE

- Unterschwellige Bewegungsreize haben keine Wirkung.
- Zu starke Reize schaden dem Körper.
- Überschwellige Reize steigern das Leistungsniveau.

Der „richtige“ Gang

Vermutlich besitzen Sie ein Fahrrad, das über mehrere Gänge verfügt. Fahren Sie immer so, dass Sie viele Pedalumdrehungen fahren können (70 bis 90 Umdrehungen pro Minute), also eher in einem niedrigeren Gang. Nur so ist gewährleistet, dass Sie in einem Bereich trainieren, in dem Sie Fett verbrennen und Ihre Ausdauer steigern. Bestimmen Sie auch hier Ihre optimale Belastungsfrequenz mit der Hand-Messmethode. Bleiben Sie zum Messen aber bitte ungedingt stehen.

20 Minuten in flottem Marschtempo spazieren gehen? Bei einem Körpergewicht von 90 Kilogramm sammeln Sie damit immerhin etwa 10 Fitti.

Die Aufgaben für die Trainingsvariante

Für die Anhänger der Trainingsvariante beginnt die Woche wieder mit dem Bestimmen der Wochen-Gesamtbelastung. Wie viele Fitti möchten Sie sammeln? Wenn Sie noch auf Kurs sind, dann wären es laut Plan mindestens 19 und höchstens 25 Fitti. Für Walken oder Radfahren mit 60 Prozent der maximalen Herzfrequenz dürfen Sie jeweils 6 METs veranschlagen. Damit beziffert sich der Wochenumfang für eine 80 Kilogramm schwere Person beispielsweise auf mindestens 64 Minuten und auf höchstens 84 Minuten an Gesamtbelastung.

Für Ihr aktuelles Körpergewicht schauen Sie in der Tabelle auf Seite 115 nach und suchen Ihren Belastungsumfang heraus. In der Tabelle finden Sie für verschiedene Fitti-Mengen durchgerechnet, wie hoch der Wochenumfang sein sollte. In den drei rechten Spalten sind die Fitti-Zielvorgaben des Trainingsplans von Seite 64/65 aufgeführt: Also 19 Fitti pro Woche für Einsteiger, 22 Fitti für Alltagsaktive und 25 Fitti für Sportliche.

Für diejenigen, die erst jetzt von der Minifit-Variante zum Training wechseln, oder die, die sich mit dem Fitti-Ziel für Einsteiger überfordert fühlen, haben wir noch eine zusätzliche Spalte mit einer Planung von nur 16 Fitti pro Woche ergänzt. Auch sie können hier für ihr individuelles Körpergewicht den Trainingsumfang in Minuten ablesen.

Sollte keine der vier Fitti-Zielvorgaben Ihrer persönlichen Planung entsprechen, so können Sie Ihren Belastungsumfang mithilfe der Tabelle auf Seite 66 (4. Woche) ermitteln. Teilen Sie Ihre Gesamtbelastung so auf, dass Sie beim Walken mindestens 20 Minuten und beim Radfahren mindestens 30 Minuten unterwegs sind. Walken oder fahren Sie mit einer Beanspruchung, die an der unteren Grenze Ihres altersbezogenen Trainings-Herzfrequenz-Bereiches liegt, also mit etwa 60 Prozent der maximalen Herzfrequenz. Versuchen Sie die Belastung ausdauernd zu gestalten, unterbrechen Sie diese nur noch zum Messen der Trainings-Herzfrequenz und nur noch selten durch Gehpausen.

Die optimale Wirkung

In dieser Woche haben Sie also wieder eine neue Aufgabe. Versuchen Sie bei der Trainingsvariante im optimalen Herzfrequenz-Bereich zu trainieren. Die folgenden Hintergrundinformationen sollen Ihnen die Wichtigkeit dessen verdeutlichen: Um die gewünschten Trainingswirkungen zu erzeugen, muss die Belastungsintensität des Trainings eine bestimmte Reizschwelle übersteigen, damit sich die Organsysteme, die an einer Bewegung beteiligt sind (Herz-Kreislauf, Muskeln), auf ein höheres Arbeitsniveau einstellen. Andererseits darf der Reiz aber auch nicht so groß sein, dass er diese Organsysteme schädigt.

So funktioniert Training

Vereinfacht gesagt, werden durch ein Mehr an Bewegung die Energiespeicher im Körper geleert. Nach dem Ende der Belastung füllt der Körper diese Speicher wieder auf. Wenn das Training nun genau die richtige Reizstärke hatte, tut er das nicht nur bis zum vorigen Ausgangsniveau, sondern darüber hinaus. Er beugt sozusagen vor und wappnet sich vorsorglich für zukünftige Belastungen. Im Leistungssport wird dieses Phänomen auch Superkompensation genannt. Sie werden sehen, Ihr Körper wird Ihnen die wohl dosierte Belastung danken.

Trainingsumfänge bei 6 MET

	Körpergewicht	Trainingsumfang bei 16 Fitti pro Woche in Minuten	Trainingsumfang bei 19 Fitti pro Woche in Minuten	Trainingsumfang bei 22 Fitti pro Woche in Minuten	Trainingsumfang bei 25 Fitti pro Woche in Minuten
6 MET Intensität	60 kg	72 Min.	86 Min.	99 Min.	113 Min.
	65 kg	66 Min.	79 Min.	91 Min.	104 Min.
	70 kg	62 Min.	73 Min.	85 Min.	96 Min.
	75 kg	58 Min.	68 Min.	79 Min.	90 Min.
	80 kg	54 Min.	64 Min.	74 Min.	84 Min.
	85 kg	51 Min.	60 Min.	70 Min.	79 Min.
	90 kg	48 Min.	57 Min.	66 Min.	75 Min.
	95 kg	45 Min.	54 Min.	63 Min.	71 Min.
	100 kg	43 Min.	51 Min.	59 Min.	68 Min.
	105 kg	41 Min.	49 Min.	57 Min.	64 Min.
	110 kg	39 Min.	47 Min.	54 Min.	61 Min.

Den Erfolg „programmieren"

Muskeln aufbauen und sich nicht selbst im Wege stehen

Wolfgang Schlicht Hallo, Herr Pudel, wieder fleißig mit dem Rad unterwegs gewesen?

Volker Pudel Klar, ich habe meine Ausdauer trainiert und habe zwei Stunden lang gestrampelt. Mit der richtigen Sattelhöhe ist das ja viel angenehmer. Danke für Ihren Tipp.

Wolfgang Schlicht Dann können Sie ja jetzt – wie unsere Leserinnen und Leser – daran gehen, Ihre Muskeln wachsen zu lassen. Muskeln verbrauchen nämlich Energie, selbst wenn sie nicht beansprucht werden.

Volker Pudel Klar, mehr Muskeln, höherer Grundumsatz. Wenn ich meinen Grundsatz um 200 Kilokalorien steigere, dann darf ich ein Butterbrot am Tag mehr essen – ohne Figurprobleme.

Wolfgang Schlicht Genau darum geht es mir in der nächsten Woche. Muskelaufbau ist die eine Seite, Fettverbrennung die andere.

Volker Pudel Gibt es denn Möglichkeiten, die Fettverbrennung gezielt anzukurbeln?

Wolfgang Schlicht Die gibt es tatsächlich. So hat jeder Mensch einen individuellen Bereich während des Ausdauertrainings, in dem die Fettverbrennung optimal ist.

Volker Pudel Und woran erkenne ich diesen Bereich bei mir?

Wolfgang Schlicht Mein gesamtes Trainingsprogramm ist so gestaltet, dass sich jeder in seinem optimalen Bereich bewegt. Da muss man seine Herzfrequenz bestimmen und ein bisschen rechnen, oder aber sich mit kleinen Trainingscomputern helfen lassen. Das erkläre ich auf den folgenden Seiten ganz genau.

Volker Pudel Also, mit der 9. Woche werden gezielt Muskeln aufgebaut, die sogar im Schlaf Kalorien verzehren. Das ist eine wirklich sehr verlockende Vorstellung.

Wolfgang Schlicht Und dazu noch wahr. Muskulöse Sportler haben nie zu viel Fett am Körper. Ihre Muskeln sorgen ständig dafür, dass Kalorien verbrannt werden.

Volker Pudel Ich habe auch noch eine Überraschung für die vorletzte Woche vorbereitet, die bei vielen Menschen das Leben verändern könnte.

Wolfgang Schlicht Ach, verraten Sie sie mir doch, vielleicht werde ich dann auch ein anderer Mensch.

Volker Pudel Kommt drauf an, Herr Schlicht. Als Psychologe habe ich natürlich bei Ihnen als Psychologen-Kollege keine guten Aussichten mit einer wirklichen Überraschung. Würden Sie mit rotem Pullover und roter Hose in die Uni gehen?

Wolfgang Schlicht Eher nicht, ich will mich doch nicht zum Clown machen. Was sollen die Kollegen und Studenten von mir denken!?

Volker Pudel Danke, Herr Schlicht, Ihre Antwort ist typisch normal. Sie überlegen, was wohl die anderen von Ihnen halten. Und dann verschließen Sie sich Ihrem Wunsch, einmal ganz in rot zu gehen.

Wolfgang Schlicht Na ja, aber den roten Pullover haben Sie mir doch vorgeschlagen. Das war doch nicht mein Wunsch.

Volker Pudel Das sollte auch nur ein Beispiel sein. Wir denken ganz häufig, was wohl andere Menschen über uns denken. Oft blockiert das und versperrt uns die Möglichkeit, die eigenen Wünsche durchzusetzen.

Wolfgang Schlicht Richtig, man ist angepasster als man eigentlich sein möchte. Da gibt es den Spruch vom „vorauseilenden Gehorsam“.

Volker Pudel Genau! Da hat eine unserer Leserinnen z. B. sechs Kilogramm abgenommen und möchte sich ein freches Kleid kaufen. Dann traut sie sich aber nicht, denn „was werden wohl die anderen denken“.

Wolfgang Schlicht Schade, sie müsste einfach mutig sein und sich selbst für ihren Erfolg mit einem tollen Kleid belohnen.

Volker Pudel Richtig, genau darum geht es in meinem Kapitel zur 9. Woche. Einmal zu überlegen, dass wir doch nicht auf der Welt sind, um so zu sein, wie andere uns haben wollen.

Wolfgang Schlicht Das gefällt mir. Doch dazu muss man zunächst selbst wissen, was man denn überhaupt will.

Volker Pudel Und das ist gar nicht einfach. Da hilft eine ruhige Stunde im Sessel, die neue Gedanken im Kopf anregt: Was will ich eigentlich?

Wolfgang Schlicht Und dann kommt die Praxis: Was hindert mich daran, das zu tun, was ich möchte?

Volker Pudel Dann bespreche ich noch ein tolles Thema: Erfolge sind oft selbst gemacht!

Wolfgang Schlicht Da stimme ich Ihnen voll und ganz zu, Herr Pudel. Wenn Menschen sich etwas zutrauen und dann stolz auf sich sind, es geschafft zu haben, gehen sie beherzt auch neue Aufgaben an. Dann trauen sie sich immer mehr zu und weitere Erfolge sind vorprogrammiert.

Volker Pudel Umgekehrt hindert Angst Menschen daran, Erfolg zu haben. Doch Näheres im nächsten Kapitel. Ich habe dazu einen kleinen Test für unsere Leserinnen und Leser vorbereitet.

Wolfgang Schlicht Bis zur nächsten Woche dann, planen Sie Erfolg und Muskelaufbau.

Den Gefühlen freien Lauf lassen. Wie man seine inneren Blockaden erkennt und abbaut, zeigt die 9. PfundsKur-Woche.

„Erfolgssucher“ oder „Misserfolgssucher“?

Erfolg selbst gemacht

Was denken Sie, wenn etwas schief geht? Sind Sie dann schnell dabei, sich selbst die Schuld zu geben? Weil Sie das nicht können? Weil Sie von Natur aus ein Pechvogel sind? Oder gar, weil Sie nicht klug genug oder nicht willensstark sind?
Was denken Sie, wenn Ihnen etwas gut gelingt? Da habe ich aber Glück gehabt? Tolle Überraschung, hatte nicht damit gerechnet? Blindes Huhn findet auch mal ein Korn?

Die Gedanken entscheiden

Jeder erlebt Erfolge und Misserfolge. Doch die Ursachen dafür werden höchst unterschiedlich gesehen. Da gibt es Menschen, die haben richtig Angst vor Misserfolgen. Andere sind nur auf Erfolg aus und freuen sich über das, was sie erreicht haben. Und noch eines unterscheidet die Menschen. Die Misserfolgsängstlichen suchen die Ursachen für Misserfolge grundsätzlich in sich selbst, und machen eigene, mangelnde Fähigkeiten dafür verantwortlich. Die Erfolgssucher dagegen sind stolz auf ihre Erfolge, weil sie sie selbst bewirkt haben.

Erfolg wird als Glück abgetan

Haben Misserfolgsängstliche einmal Erfolg, dann sprechen sie von „Glück gehabt“ – ihren Erfolg aber rechnen sie sich nicht selbst zu. Ganz anders sind die Erfolgssucher. Sie tun Misserfolge als ärgerliche, aber mehr zufällige Ereignisse ab, die mit ihrer Person nicht direkt etwas zu tun haben.

„Glück und Pech“

Wer Erfolge zumeist auf seine eigenen Leistungen zurückführt und Misserfolge als Pech erlebt, der ist ein Erfolgssucher. Misserfolgsängstliche Menschen rechnen sich Misserfolge selbst zu, bewerten Erfolge aber eher als Glück.

Fettaugentabelle 9. Woche

Geplante Fettaugen	
Montag	
Dienstag	
Mittwoch	
Donnerstag	
Freitag	
Samstag	
Sonntag	
Gesamtsumme	
geteilt durch 7	**:7**
Tagesdurchschnitt	

Wer sich selbst vertraut, überwindet Hindernisse und gelangt ans Ziel.

Änderung lohnt sich

Psychologische Studien beweisen, dass Erfolgssucher tatsächlich auch mehr Erfolge im Leben haben. Misserfolgsängstliche Menschen nutzen längst nicht jede Chance (Angst vor Misserfolg) und erleben darum weniger Siege.

Auswahl von Aufgaben

Misserfolgsängstliche suchen sich meist ganz leichte oder ganz schwere Aufgaben aus. Klar, wenn es schief geht, ist es kein richtiger Misserfolg. Erfolgssucher dagegen wählen mittelschwere Aufgaben, damit sie ihren Erfolg auch richtig erleben und genießen können.

Denktraining beginnen

Überlegen Sie, ob Sie sich für die Pfunds-Kur zu große oder zu kleine Ziele gesetzt haben. Das gibt einen Anhaltspunkt, wie Sie Erfolg und Misserfolg für sich selbst bewerten. Trainieren Sie in der kommenden Zeit immer dann, wenn Sie Misserfolg oder Erfolg erleben, zu erkennen, was in Ihrem Kopf geschieht. Versuchen Sie bei Misserfolgen die Umstände zu entdecken, in denen die Ursache hierfür liegt. Und erkennen Sie bei Erfol-

Die Art, wie Erfolge und Misserfolge erlebt werden, ist gelernt. Darum kann man sie auch umlernen.

Erfolgs- oder Misserfolgssucher?

Bitte kreuzen Sie den Gedanken an, der Ihnen vermutlich als Erstes kommen würde. Dann bewerten Sie bitte, ob Sie eher misserfolgsängstlich oder als Erfolgssucher gedacht haben.

Ein anderer Pkw nimmt gerade die ausgesuchte Parklücke weg.

Gedanke:

☐ Das kann immer nur mir passieren.

☐ Schade, Pech gehabt.

Der tolle Kuchen im Backofen ist völlig verbrannt.

Gedanke:

☐ Blöder Ofen, wird zu viel heiß.

☐ Typisch für mich, ich vergesse immer auf die Uhr zu sehen.

Ohne Stau am Sonntag über die Autobahn gefahren.

Gedanke:

☐ Wirklich Glück gehabt.

☐ Ich habe eine gute Uhrzeit für die Fahrt ausgewählt.

Merksatz:

„Ich bin nicht auf der Welt, um so zu sein, wie andere mich haben wollen."

gen Ihre Fähigkeiten, die dazu beigetragen haben.

Was wohl die anderen denken?

Die Angst vor der Meinung anderer Menschen ist oft ein Grund für Misserfolgserlebnisse. Man traut sich selbst nichts zu. Manchmal nicht einmal eine neue Brille, ein tolles Kleid, eine völlig neue Frisur. Immer schwebt der Gedanke „Was wohl die anderen denken?" darüber und bremst eigene Aktivitäten.

Spielen Sie einfach „verrückt"

Deshalb möchte die PfundsKur Sie zu einer spannenden Aufgabe anregen: Kaufen Sie sich ein verrücktes Kleid! Besprechen Sie beim Friseur eine völlig neue Frisur! Oder gönnen Sie sich ein ausgefallenes Schmuckstück! Erstens haben Sie jetzt in der 9. Woche PfundsKur für Ihre Leistungen wirklich eine Belohnung verdient. Und zweitens sollen Sie erleben, wie gut Sie ankommen, wenn Sie sich mit Ihren Wünschen und Vorstellungen einfach durchsetzen. Einverstanden?

Ab der 9. PfundsKur-Woche gilt es, mit mehr Selbstbestimmung durch das Leben zu gehen. Ein Friseur-Besuch könnte der Anfang sein …

Spotlight-Effekt

Es ist nämlich eine wahre Geschichte, dass Sie sich selbst immer viel intensiver beobachten, als es Ihre Umwelt tut. Sie sehen sich unter einem Spotlight, einem Scheinwerfer, der aber nur für Ihre Augen Licht wirft. Sie können sich viel mehr „erlauben", als Sie denken! Und außerdem gilt: „Ich bin nicht auf der Welt, um so zu sein, wie andere mich haben wollen."

Diesen tollen Satz sollten Sie sich auf einen Merkzettel aufschreiben und in die rechte untere Ecke Ihres Badezimmerspiegels kleben. Damit Sie täglich wissen, was Sie sich gönnen dürfen.

Kohlenhydrate wirken Wunder

Apropos „gönnen". Lieben Sie inzwischen Kohlenhydrate? Dass sie Fitmacher sind, hatten wir schon besprochen. Was die Figur angeht, da zählen nur die blauen und gelben Fettaugen. Aber nicht die Kohlenhydrate, die in Kartoffeln, Gemüse, Reis, Nudeln und Brot stecken, und nicht einmal der Zucker .

Kohlenhydrate regeln Hunger

Das wichtigste Organ im Körper des Menschen ist das Gehirn. Die Schaltzentrale braucht ständig Nahrung, um gut zu funktionieren. Doch das Gehirn kann ausschließlich mit dem Kohlenhydrat Glukose ernährt werden. Es können noch so viele Fettkalorien im Körper schlummern, sie sind keine Nahrung für die Hirnzellen.

Fett sättigt nur kurz

Kohlenhydrate sind vor allem in der Leber als Glykogen gespeichert – kaum mehr als 350 Gramm. Sinkt der Vorrat ab, dann meldet der Organismus unmissverständlich „Ich habe Hunger!" Wird dann der Magen mit fetter Bratwurst gefüllt, tritt nur kurz ein Sättigungsgefühl ein. Denn wenn der Körper feststellt, dass die Magenfüllung keine Kohlenhydrate, sondern nur Fett geliefert hat, sendet er sofort wieder das Signal „Hunger!" aus. Selbst nach einem üppigen, fetten Essen kommt aus diesem Grund Lust nach einem süßen Dessert auf. Es ist der Appetit nach Kohlenhydraten, um ausreichend Nahrung fürs Gehirn zu haben.

Nahrung für die Seele

Es gibt noch einen Pluspunkt für die Kohlenhydrate. Der Volksmund kennt ihn, wenn er sagt: „Zucker ist Nervennahrung". Im Gehirn sind Botschafterstoffe tätig, die dafür sorgen, dass Informationen von den Nervenbahnen in die Nervenzellen übertragen werden. Ein wichtiger Stoff für diese Kommunikation im Gehirn ist das Serotonin. Dieser Botschafterstoff sorgt zudem für gute Stimmung und besseres Befinden. Hergestellt wird Serotonin aus einem Eiweißbaustein, genannt Tryptophan, der mit der Nahrung aufgenommen wird.

Transportwege versperrt

Wer nun glaubt, dass eiweißreiche Kost viel Tryptophan ins Gehirn bringt, der irrt. Denn eiweißreiche Kost liefert noch viele andere Eiweißbausteine, die dem Tryptophan den Weg ins Gehirn versperren. Werden aber Kohlenhydrate verzehrt, dann sorgt das Insulin dafür, dass die anderen Eiweißbausteine gebunden werden. Nun kann Tryptophan ins Gehirn gelangen und dort zu Serotonin umgebaut werden.

Fettkalorien sind keine Nahrung für das Gehirn.

STIMMUNGSMACHER

Wer viel Kohlenhydrate verzehrt, isst die „gute Laune" gleich mit. Kohlenhydrate bieten viele Vorteile:

- angenehme und anhaltende Sättigung
- besseres Wohlbefinden
- mehr Vitamine, Mineral- und Ballaststoffe

Ausblick auf die 9. Woche

Starten Sie in die vorletzte PfundsKur-Woche. Mit den fantastischen Kohlenhydraten, Ihrer Fettaugenbilanz und einem neuen Gespür für Erfolge und Misserfolge in Ihrem Leben.

Auf dass die Muskeln wachsen!

In Finnland ist Nordic Walking bereits Volkssport.

Steigern Sie sich!

Eine deutliche Steigerung des Trainingsumfangs steht diese Woche in der Trainingsvariante an – die Erhöhung der Trainings-Herzfrequenz auf 70 Prozent der maximalen Herzfrequenz. In der Tabelle auf Seite 127 haben wir einige Umfänge berechnet und auf verschiedene Körpergewichte bezogen. Je nachdem, ob Sie sich für die untere, die mittlere oder die obere Rate der Fitti-Steigerung entschieden haben, ergeben sich unterschiedliche Vorgaben für das Wochentraining. Mit den Ausdaueraktivitäten Walking, Schwimmen und Radfahren können Sie Ihr Trainingsprogramm variieren und abwechslungsreicher gestalten. Auf diese Weise vermeiden Sie einseitige Gelenk- oder Muskelbelastungen.

Nordic Walking

Walking mit Stöcken nennt man Nordic Walking. Dies ist eine vor allem in den skandinavischen Ländern weit verbreitete Variante des normalen Walking. Auch bei uns setzt sich Nordic Walking mehr und mehr durch, und dies aus gutem Grund. Nordic Walking verbraucht deutlich mehr Energie als Walken ohne Stöcke, und durch die zusätzliche Armarbeit wird auch noch Oberkörpermuskulatur aufgebaut.

Ausdauernd bleiben

Ihren Trainingsumfang verteilen Sie wieder nach dem bereits bekannten Muster auf mehrere Einheiten. Am Ende der Woche haben Sie über das Ausdauertraining 22 bis 28 Fitti gesammelt. Sie sind also im Zieleinlauf unserer ehrgeizigen Unternehmung und verdienen bereits dafür eine deutliche Belohnung. Falls Sie noch

Ein Beispiel für den Trainingsumfang

Bei einem Körpergewicht von 80 kg sollten Sie – wenn Sie noch im Plan sind – nach der bereits bekannten Tabelle mindestens 64 Minuten und maximal 81 Minuten walken, und zwar in einer Trainings-Herzfrequenz, die in dieser Woche 70 Prozent (circa 7 METs) Ihrer maximalen Herzfrequenz entspricht. Sie können die Intensität zum Beispiel durch den Einsatz von Teleskop-Stöcken steigern, die man vom Bergwandern kennt.

keine Idee haben, was Sie sich zur Belohnung gönnen könnten, haben wir im Laufe dieses Kapitels noch einen überlegenswerten Vorschlag für Sie.

Gezieltes Aufbautraining

Der Aufbau von Muskelmasse ist ein wesentlicher Bestandteil unseres Trainingsplans. Darüber haben wir schon zu Beginn der zehnwöchigen PfundsKur gesprochen. Denn Muskulatur verbraucht Energie, selbst wenn Sie nicht arbeitet. Nach den vergangenen acht Wochen sind Sie nun so gut vorbereitet, dass es an der Zeit ist, gezielt etwas für die Muskulatur zu tun. Ausdauertraining ist nämlich nur bedingt geeignet, um Muskeln aufzubauen. Die Übungen auf Seite 124/125 zur Stärkung wesentlicher Muskelgruppen können Sie leicht in Ihrer häuslichen Um-

Nordic Walking

Nordic Walking ist der Trend für Einsteiger, Fortgeschrittene und Profis im Bereich des Ausdauertrainings. Verglichen mit dem normalen Walking hat es durch den verstärkten Einsatz der Arm- und Oberkörpermuskulatur eine stärkere Ganzkörpertrainingswirkung und ist um 40 bis 50 Prozent effektiver als Walking ohne Stöcke. Zudem entlastet es durch die Verwendung der Stöcke den Bewegungsapparat (vor allem Sprunggelenke, Knie und Wirbelsäule) um bis zu 30 Prozent und ist von daher besonders geeignet für Personen mit Knie- und Rückenproblemen.

Auf die Stöcke kommt es an

Die Bewegung beim Nordic Walking ähnelt der Bewegung beim klassischen Skilanglauf und ist leicht zu erlernen. Voraussetzung für die richtige Bewegungsausführung sind allerdings Stöcke mit Handschlaufen, die eine Länge von ungefähr 70 Prozent der Körpergröße haben. Empfehlenswert sind Stöcke aus Kohle- oder Glasfasern, da sie ein sehr geringes Eigengewicht aufweisen.

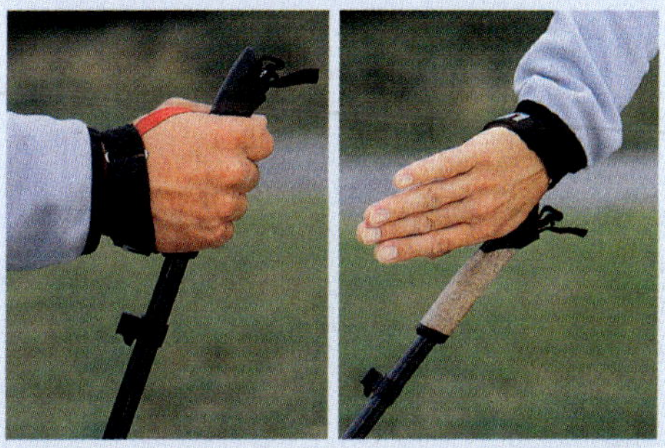

Der Bewegungsablauf beim Walken

Nordic Walking nutzt den physiologischen, diagonalen Bewegungsablauf beim Walken in der Form, dass der rechte Stock dann Bodenberührung hat, wenn die linke Ferse aufsetzt und umgekehrt. Befindet sich dann die Hand mit dem aktiv eingesetzten Stock hinter dem Körper, wird zur Entspannung der Arme und Hände der Stock einfach losgelassen, wie es die beiden Abbildungen darstellen. Der Stock schwingt dann, locker in der Schlaufe hängend, nach hinten aus und wird erst wieder beim Nach-vorne-Führen des Armes gegriffen.
Abgesehen von der Arm-Stock-Arbeit entspricht der Bewegungsablauf beim Nordic Walking dem des ganz normalen Walkings ohne Stöcke. Probieren Sie es einfach einmal aus und Sie werden merken, wie effektiv diese Trainingsform ist.

gebung durchführen. Das kommt im Übrigen nicht nur Ihrem Gewicht zugute: Eine stärkere Muskulatur erleichtert auch alltägliche Tätigkeiten. Praktizieren Sie die folgenden Kräftigungsübungen mindestens zweimal pro Woche und führen Sie die Übungen dabei langsam aus. Sie können sich in Ihrem Bewegungstagebuch für die Kräftigungs-Gymnastik 4 METs anrechnen und entsprechend der aufgewendeten Zeit Fitti eintragen.

Kräftigungs-Gymnastik

Kräftigung der oberen Rückenmuskulatur

Ausgangsposition: In Bauchlage heben Sie die Arme seitlich ab, im Ellbogen bilden Sie dabei einen 90°-Winkel. Die Unterarme lassen Sie parallel zum Boden, die Daumen drehen Sie nach oben. Nun Schultern und Kopf mit Blick zum Boden ebenfalls leicht anheben.
Ausführung: Heben Sie die Unterarme so weit, dass die Schulterblätter zusammenstoßen. Anschließend strecken Sie die Arme langsam nach vorne. Dabei Schultern und Kopf abgehoben lassen. Dann die Arme langsam wieder nach hinten ziehen. Diese Übung wird insgesamt circa 20 Sekunden lang mit wechselnder Armbewegung durchgeführt.
Hinweis: Den Kopf nicht in den Nacken legen, sondern parallel zum Boden halten. Die Fußspitzen während der Übung nicht vom Boden abheben.

Kräftigung der Körperrückseitenmuskulatur

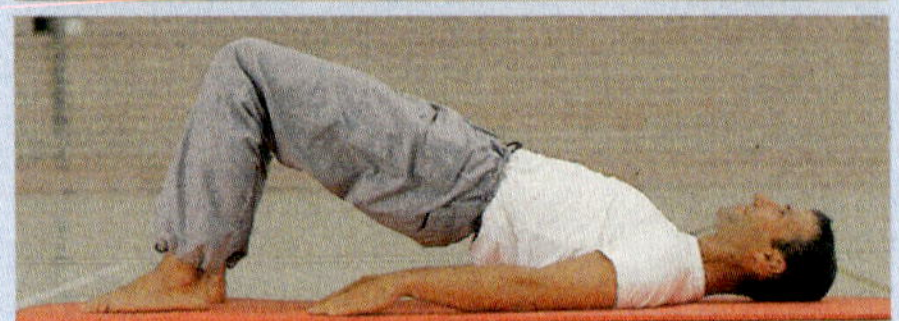

Ausgangsposition: Sie befinden sich in Rückenlage, die Beine sind aufgestellt.
Ausführung: Die Hüfte schieben Sie so weit nach oben, bis Oberschenkel und Rumpf eine Gerade bilden. Diese Position etwa 25 Sekunden halten und wieder absenken. Übung 3-mal wiederholen.
Hinweis: Fallen Sie nicht ins Hohlkreuz.

Übungsausführung für Fortgeschrittene:
Ausführung: Strecken Sie ein Bein in Verlängerung des Körpers aus, ohne dabei ihre Position zu verändern. Diese Position 15 Sekunden halten. Dann das Bein wechseln. Übung 3-mal wiederholen.
Hinweis: Bei angehobenem Bein das Becken nicht zur Seite kippen.

Kräftigung der Gesäß- und Oberschenkelrückseitenmuskulatur

Ausgangsposition: Sie befinden sich im Vierfüßlerstand auf Knien und Ellbogen, Blickrichtung zum Boden, Rücken gerade.
Ausführung: Heben Sie ein Bein bis zur Horizontalen ab. Dabei halten Sie den Unterschenkel waagrecht und ziehen die Fußspitze zum Körper heran. Mit kleinen Bewegungen senken Sie das Bein bis kurz über dem Boden ab und heben es dann wieder in die Waagrechte an. Auf jeder Seite 25-mal wiederholen.
Hinweis: Achten Sie darauf, dass Sie bei angehobenem Bein kein Hohlkreuz haben. Variante zur Erleichterung: Das angehobene Bein darf im Kniegelenk auch gebeugt sein.

Kräftigung der Oberkörpermuskulatur

Ausgangsposition: Knien Sie sich auf den Boden, und stützen Sie sich in „Liegestütz“-Stellung mit den Händen auf. Der Abstand zwischen den Händen sollte etwas mehr als schulterbereit sein. Die Hüfte bleibt gestreckt, die Bauchmuskulatur ist angespannt.
Ausführung: Beugen und strecken Sie die Arme im Ellbogengelenk. Je nach Fitnessgrad wiederholen Sie die Übung 3- bis15-mal.
Hinweis: Die Bauchmuskulatur soll während der ganzen Übung angespannt bleiben. Halten Sie den Rücken gerade, fallen Sie nicht ins Hohlkreuz. Bei Einsteigern genügen auch kleine Beugungen des Ellbogengelenks.

Bitte beachten:

Bei allen Kräftigungsübungen ruhig und gleichmäßig atmen. Nicht die Luft anhalten oder den Atem pressen.

Kräftigung der Brust- und Oberarmmuskulatur

Ausgangsposition: Sie befinden sich in Rückenlage, die Beine sind angestellt, die leicht gebeugten Arme werden seitlich gehalten. In beide Hände nehmen Sie Gewichte, beispielsweise gefüllte Wasserflaschen.
Ausführung: Heben Sie die Arme mit den Gewichten an und führen Sie sie vor der Brust zusammen. Dann die Arme wieder absenken, aber nicht ablegen. Übung etwa 12-mal wiederholen.
Hinweis: Der untere Rücken bleibt die ganze Zeit fest auf der Matte.

Kräftigung der Rückenmuskulatur

Ausgangsposition: Sie befinden sich im Kniesitz auf einer weichen Unterlage. Ihre Hände sind entweder hinter dem Kopf oder vor dem Körper verschränkt.
Ausführung: Rollen Sie den Kopf nach vorne ein und beugen Sie langsam, Wirbel für Wirbel, den Rücken. Anschließend rollen Sie Wirbel für Wirbel wieder auf, bis der Rücken gerade ist. Die Übung 3- bis 5-mal wiederholen.
Hinweis: Falls Sie Knieprobleme haben, machen Sie diese Übung besser nicht.

Mit Technik trainieren

In der 8. PfundsKur-Woche haben wir erläutert, wie wichtig die richtige Herzfrequenz für das Ausdauertraining ist. Genauer als das gelegentliche Messen der Pulsfrequenz per Hand sind moderne Herzfrequenz-Messgeräte. Über einen Brustgurt senden diese kontinuierlich Informationen über die Tätigkeit des Herzens an einen Empfänger am Handgelenk, sodass sie dauerhaft ihren Trainingsbereich überwachen können.

Gymnastik-Fitti

Die Gymnastikübungen haben eine Intensität von 4 METs. Wie viele Fitti Sie in Ihrer Gewichtsklasse mit 10 Minuten Gymnastik sammeln, entnehmen Sie der nachfolgenden Tabelle. Wenn Sie die Übungen länger oder kürzer ausführen, können Sie mithilfe der Tabelle und der Formel auf Seite 24/25 im Bewegungstagebuch oder der Tabelle auf Seite 66 Ihre Fitti berechnen.

Gewicht (kg)	60	80	100	120
Fitti	1,5	2,0	2,5	3,0

Der kleine Unterschied

Neben der Anzahl der Herzschläge können einige dieser modernen Herzfrequenz-Messgeräte auch deren Qualität erfassen, ein zusätzliches Plus. Hierzu wird die Herzfrequenz-Variabilität (HRV) gemessen. Dies ist der zeitliche Abstand zwischen zwei Herzschlägen, welcher sich ständig im Bereich von einigen Millisekunden verändert. Mit zunehmender Beanspruchung reduziert sich diese Variation der Herzfrequenz. Ab etwa 65 Prozent der maximalen individuellen Herzfrequenz beginnen die Abstände zwischen den einzelnen Herzschlägen nahezu kons-

tant zu werden – der trainingswirksame Bereich beginnt.
Der optimale Trainingsbereich kann dabei von Tag zu Tag um bis zu 20 Herzschläge variieren und ist in erster Linie abhängig von verschiedenen Stressfaktoren und von der Tagesform. Der Herzfrequenz-Messer der Firma Polar bestimmt diese Own-Zone® in einem kurzen Test. Er benennt die obere und untere Grenze dieser Zone, wobei die wirksamste Fettverbrennung beim Training an der unteren Grenze erreicht wird.

Ein persönlicher Trainer?

Wir hatten ja bereits angeregt, sich selbst mit einer Belohnung zu motivieren. Wenn Sie die Trainingsvariante der PfundsKur bevorzugt haben und sich gegen Ende der zehn Wochen sicher genug fühlen, um Ihre Ausdauer konsequent weiter zu trainieren, belohnen Sie sich doch mit einem solchen Herzfrequenz-Messgerät. Diese „persönlichen Trainer" gibt es im Sportfachhandel, dort zeigt man Ihnen auch, wie die Geräte funktionieren.

Wochenplanung

In der unten stehenden Tabelle ist für verschiedene Fitti-Mengen durchgerechnet, wie hoch der Wochenumfang des Trainings sein sollte – diesmal für 7 METs. Ihr Fitti-Ziel können Sie dem bereits gut bekannten Trainingsplan auf Seite 64/65 entnehmen. Diejenigen, die von der Minifit- zur Trainingsvariante gewechselt sind, können sich an der linken Spalte orientieren, und 19 Fitti anstreben.

Trainingsumfänge bei 7 MET

	Körpergewicht	Trainingsumfang bei 19 Fitti pro Woche in Minuten	Trainingsumfang bei 22 Fitti pro Woche in Minuten	Trainingsumfang bei 25 Fitti pro Woche in Minuten	Trainingsumfang bei 28 Fitti pro Woche in Minuten	Trainingsumfang bei 31 Fitti pro Woche in Minuten
7 MET Intensität	60 kg	74 Min.	85 Min.	96 Min.	108 Min.	120 Min.
	65 kg	68 Min.	78 Min.	89 Min.	100 Min.	110 Min.
	70 kg	63 Min.	73 Min.	83 Min.	93 Min.	102 Min.
	75 kg	59 Min.	68 Min.	77 Min.	86 Min.	96 Min.
	80 kg	55 Min.	64 Min.	72 Min.	81 Min.	90 Min.
	85 kg	52 Min.	60 Min.	68 Min.	76 Min.	84 Min.
	90 kg	49 Min.	57 Min.	64 Min.	72 Min.	80 Min.
	95 kg	47 Min.	54 Min.	61 Min.	68 Min.	76 Min.
	100 kg	44 Min.	51 Min.	58 Min.	65 Min.	72 Min.
	105 kg	42 Min.	48 Min.	55 Min.	62 Min.	68 Min.
	110 kg	40 Min.	46 Min.	53 Min.	59 Min.	65 Min.

Die PfundsKur hört nie auf

Fettaugenkontrolle und Fitti sammeln gehen weiter

Volker Pudel 10. Woche, Herr Kollege, wir haben es bald geschafft. Die letzte PfundsKur-Woche bricht an. Sind Sie zufrieden?

Wolfgang Schlicht Ja, ich bin überzeugt, dass wir unsere Leserinnen und Leser motiviert haben, etwas für sich selbst zu tun.

Volker Pudel Und ich bin auch überzeugt, dass jeder Einzelne selbst gemerkt hat, wie Wohlbefinden und Leistung zunehmen, wenn Gewicht und Immobilität abnehmen.

Wolfgang Schlicht Große Frage natürlich in der letzten Woche: Wie soll es weitergehen?

Volker Pudel Zunächst: Die PfundsKur hört nicht auf! Jetzt muss das Gewicht stabilisiert werden. Aber die Aussichten sind gut, dass der Jojo-Effekt ausbleibt.

Wolfgang Schlicht Auch wenn das Buch langsam zu Ende geht und wir als Co-Trainer Pause machen, bei der AOK etwa gibt es weiterhin tolle Bewegungsangebote. Denn eines ist wichtig: Die Fitti müssen das Leben täglich begleiten. Fettaugen beobachten und Fitti gewinnen, das sind die beiden Strategien gegen den Jojo-Effekt.

Volker Pudel In der letzten Woche muss auch Zeit sein, die PfundsKur vor dem inneren Auge noch einmal ablaufen zu lassen. Was hat sich geändert? Was ist mir leicht gefallen? Womit habe ich noch so meine Probleme?

Wolfgang Schlicht Ich schlage unseren Leserinnen und Lesern einen psychologischen Test vor, mit dem Sie ihren „Flow“ feststellen können. „Flow“, so viel verrate ich schon jetzt, ist der Schlüssel zum Glück.

Volker Pudel Geheimnisvoll, Herr Kollege. Sie verraten noch nichts?

Wolfgang Schlicht Nein, wir möchten doch unsere Leserinnen und Leser neugierig machen auf die letzten Seiten, nicht wahr?

Volker Pudel Einverstanden. Dann möchte ich auch etwas ansprechen, was mit Glück zu tun hat. Das sind unsere eigenen Begriffe, mit denen wir unsere Erlebnisse bezeichnen.

Wolfgang Schlicht Viel zu oft drängt sich das Wort „Misserfolg“ in die Gedanken, wenn von wirklichem Misserfolg überhaupt nicht die Rede sein kann.

Volker Pudel Genau, das meine ich, und das bespreche ich auch auf den nächsten Seiten. Fehltritte sind keine Rückfälle und schon gar keine Katastrophe. Wir waren im PfundsKur-Aufbau-Training, da kommen Trainingsstillstand und Trainingsrückschritt vor. Das ist normal und wird auch in Zukunft so sein.

Wolfgang Schlicht Wie erleben Sie selbst eigentlich Misserfolge, Herr Pudel?

Volker Pudel Warum fragen Sie, lieber Kollege?

Wolfgang Schlicht Da sind doch kürzlich Bücher und Schlagzeilen erschienen, die die PfundsKur-Idee auf den Kopf stellen. Fit mit Fett! Dazu müssen Sie etwas sagen, bitte.

Volker Pudel In „eigener Sache" werde ich auch ein paar Zeilen schreiben. Natürlich, ich kann doch unsere Leserinnen und Leser nicht im Regen stehen lassen. Die zählen Fettaugen und müssen dann lesen: Kohlenhydrate machen dick!

Wolfgang Schlicht Ist das wieder einer der plausiblen Irrtümer?

Volker Pudel Nein. Es ist eher eine Art Trendumkehr. Denn wenn wir lange genug Fettaugen gezählt haben, dann wollen manche wieder etwas Neues bringen. Doch das Neue ist uralt, Dr. Atkins mit der Fettdiät von vor 20 Jahren lässt grüßen.

Wolfgang Schlicht Also, es heißt weiter: Fettauge sei wachsam!

Volker Pudel Und der Körper will bewegt werden.

Wolfgang Schlicht Satt essen ist Pflicht.

Volker Pudel Und Muskelaufbau tut Not.

Wolfgang Schlicht Wir beide haben das ganz gut voneinander gelernt, Herr Pudel.

Volker Pudel Wenn ich Rad fahre – im Übrigen jetzt meistens mit Schutzhelm – denke ich an Sie, Herr Schlicht.

Wolfgang Schlicht Das ist nett, aber genießen Sie lieber die Gegend. Und ich habe auch die Fettaugen immer im Auge. Da ich gerne koche, koche ich immer öfter mal nach Bradens Kochbuch, und das Essen schmeckt gut.

Volker Pudel Die Rezepte sind einfach genial. Ewald Braden hat bekannte Gerichte in gekonnter Weise „entfettet", ohne dass der Geschmack darunter leidet. Sein Tiramisu hat es mir besonders angetan. Ein köstliches Dessert mit ganz wenig Fettaugen.

Wolfgang Schlicht Das habe ich auch schon probiert. Ich bin überzeugt, dass man sich an diese Zubereitung leicht gewöhnen kann. Alle, die das Tiramisu à la Ewald Braden gerne einmal ausprobieren möchten, finden das Rezept auf der nächsten Seite. Es schmeckt prima und es wird Fett eingespart.

Volker Pudel Das genau ist die PfundsKur-Idee: Anders kochen und dauerhaft Fett einsparen.

Wolfgang Schlicht Das hat bei mir schon gut geklappt. Der eine Stich Butter im Gemüse reicht mir jetzt. Ich habe gelernt, dass wenig Fett den Geschmack ausmacht.

Volker Pudel Diese Erfahrung wünsche ich auch unseren Leserinnen und Lesern. Nicht nur für die nächste Woche, sondern für ein ganzes Leben.

Wolfgang Schlicht Tschüss Herr Pudel, und auf bald mal wieder. Bleiben Sie in Form.

Volker Pudel Alles Gute Herr Schlicht. Essen Sie weiter mit „Fettaugen-Maß".

Ihr PfundsKur-Sonntagsgewicht

1. Woche	kg	6. Woche	kg
2. Woche	kg	7. Woche	kg
3. Woche	kg	8. Woche	kg
4. Woche	kg	9. Woche	kg
5. Woche	kg	10. Woche	kg

In diese Liste tragen Sie jeden Sonntag Ihr aktuelles Körpergewicht ein. So können Sie sich in der 10. Woche Ihren Erfolg nochmals vor Augen führen.

Tiramisu

4

PfundsKur-Rezept
pro Portion:
4 Fettaugen (12 g Fett)

Klassisches Rezept
pro Portion:
15 Fettaugen (45 g Fett)

Zutaten für 2 Portionen:

- 1/2 Päckchen Vanillepuddingpulver
- 70 g Zucker
- 125 ml Milch
- 150 g Speisequark, Magerstufe
- 2 EL ital. Weinbrand oder Cognac
- 50 g Sahne
- ca. 12 Löffelbiskuits (ca. 80 g)
- 1 Tasse kalter Espresso
- etwas Kakaopulver

Vorbereiten: 30 Minuten • Kühlen: 60 Minuten

Zubereitung:

Den Vanillepudding nach Vorschrift – allerdings nur mit 125 ml Milch und 20 g Zucker – zubereiten. Das ergibt einen ganz dicken Pudding. Beiseite stellen und mit einer Folie abdecken, damit sich keine Haut bildet.

Magerquark, den restlichen Zucker und den Weinbrand in einem Rührgerät kräftig verrühren. Dann nach und nach den lauwarmen Vanillepudding unterrühren.

Die Sahne steif schlagen und vorsichtig unter die Quark-Pudding-Masse rühren. Das ist eine fettarme Creme, der Ersatz für den Mascarpone.

Ewald Braden empfiehlt ...
Bereiten Sie diesen köstlichen Nachtisch am Vortag zu; er zieht dann schön durch und schmeckt noch viel besser.

Die Löffelbiskuits auf einen flachen Teller legen und mit einem Esslöffel den Espresso auf beiden Seiten über die Löffelbiskuits träufeln. Nun abwechselnd Creme und beträufelte Biskuits in eine Form schichten. Die letzte Schicht ist die Creme, die dann dick mit Kakaopulver bestreut wird.

Sie haben es geschafft

Und wie geht es weiter?

Wenn Sie diese Zeilen lesen, haben Sie bestimmt Ihren Lebensstil verändert. Fast drei Monate PfundsKur liegen nun hinter Ihnen. Ich möchte Ihnen gratulieren, dass Sie es wirklich geschafft haben. Aber damit ist die PfundsKur nicht zu Ende!

Gewichtsstabilisierung fordert Sie

Jetzt heißt es, den Erfolg zu sichern, das Gewicht zu stabilisieren. Doch dazu haben Sie inzwischen die besten Voraussetzungen: Mit den Fettaugen stehen Sie auf du und du; Sie kochen die wunderbaren Rezepte von Ewald Braden mit kalkulierbaren Fettaugen; Sie praktizieren die flexible Verhaltenskontrolle; Sie haben viel Bewegung in Ihren Alltag eingebaut, freuen sich über Ihre Erfolgserlebnisse und trauen sich, eigene Ideen umzusetzen. Richtig? Na, dann kann wirklich nur alles noch besser werden!

Erfolgsdenken

Sie sind während der neun PfundsKur-Wochen eine lange Treppe hinaufgegangen und haben dabei viel erlebt und erfahren. Stufe für Stufe. Das ist Ihr Erfolg, der nur Ihnen gehört. Wenn sich jetzt in nächster Zeit unbemerkt ein oder zwei Kilo wieder einschleichen, dann bewerten Sie dieses Ereignis bitte nicht als Misserfolg. Denn das wäre verheerend. Auf der langen Treppe, auf der Sie sich jetzt

Sie haben Ihr Ziel erreicht. Nutzen Sie die 10. PfundsKur-Woche für einen Blick auf die zurückgelegte Wegstrecke und für Gedanken über künftige Ziele.

ganz oben befinden, würden Sie gerade einmal ein oder zwei Stufen tiefer stehen – aber immer noch oben.

Trainingsstillstand überwinden

Da Sie wissen, wie Sie Gewicht verlieren, sind ein oder zwei Kilogramm Gewichts-

Immer mehr Kinder haben ein dickes Problem

Darum gibt es auch eine PfundsKur für Kinder, die gerne fitter und dünner sein möchten. Für Kinder zwischen acht und zwölf Jahren ist der PowerKids-Koffer gepackt, der beim AOK-Verlag bestellt werden kann. PowerKids ist ein Spaß für die ganze Familie. Mit Fettzies, Schlaffies und Sporties. Mehr Informationen gibt es bei der AOK oder im Internet unter www.powerkids.de

zunahme kein Grund zur Panik. Sie setzen Ihr Training weiter fort und überwinden dann den Trainingsstillstand. Es ist mir sehr wichtig, Ihnen das richtige Denken aufzuzeigen. Sie sind gut! Sie haben viel gelernt! Sie essen anders! Sie bewegen sich mehr! Überhaupt, Sie haben sich verändert, weil Sie sich besser kennen gelernt haben. Das alles wird Ihnen in Zukunft helfen, so zu sein, wie Sie es wirklich auch wollen.

Planung hilft

Schreiben Sie sich auf einen Zettel Ihre nächsten Ziele auf. Was möchten Sie in den nächsten Monaten noch erreichen? Aber bitte, bleiben Sie fair zu sich, überfordern Sie sich nicht.

Alles Gute

Ich wünsche Ihnen eine glückliche Hand in der Küche, einen trefflichen Blick auf die Karte im Restaurant und einen fairen Umgang mit sich selber.

Denn jedes Kilogramm Gewichtsabnahme, das Sie in Zukunft halten werden, ist tausendmal besser als jedes Kilogramm, das Sie unter Druck noch zusätzlich abnehmen, aber anschließend wieder zunehmen. Unser Körper ist nun einmal von Natur aus darauf ausgerichtet, für Notzeiten Reserven anzulegen. Gegen diese natürliche Programmierung werden Sie auch in Zukunft angehen müssen. Aber Sie wissen, dass Sie mit kontrollierten Fettaugen und liberalem Kohlenhydratkonsum die beste Methode nutzen. Vor allem, wenn auch die Fitti stimmen.

Macht Fett schlank?

DAS PFUNDSKUR-PRINZIP

- heißt nicht, auf Fett total zu verzichten, sondern den Fettkonsum zu normalisieren auf 60/70 Gramm am Tag.
- heißt nicht, Kohlenhydrate zu essen, um Rekorde zu brechen, sondern den Kohlenhydratkonsum zu liberalisieren.

In eigener Sache

Fett macht fett. Kohlenhydrate machen fit. Diese Botschaft habe ich Ihnen auf vielen Seiten nahe gebracht. Und wenn Sie mitgemacht haben, konnten Sie selbst erleben, dass diese Botschaft funktioniert. Seit einigen Monaten gibt es immer wieder Zeitungsmeldungen, aber auch Bücher von bekannten Autoren, die die PfundsKur-Botschaft ins Gegenteil ver-

Fettaugentabelle 10. Woche

Geplante Fettaugen	
Montag	
Dienstag	
Mittwoch	
Donnerstag	
Freitag	
Samstag	
Sonntag	
Gesamtsumme	
geteilt durch 7	**:7**
Tagesdurchschnitt	

kehren. „Kohlenhydrate machen dick. Fett macht schlank." Wenn Sie das lesen, müssen Sie die PfundsKur für Unsinn halten. Schlimmer noch, für eine gesundheitsgefährdende Botschaft.

Was ist dran an der Gegenbotschaft?

Die Amerikaner essen im Durchschnitt weniger Fett, nehmen aber im Durchschnitt an Gewicht zu. Das erforschte US-Professor Walter Willert in einer Studie, auf die von den Anhängern der „Fett-macht-schlank"-Theorie immer wieder verwiesen wird. Allerdings belegte die Studie nicht, dass es die gleichen Menschen sind, die weniger Fett essen und zunehmen. Was im Volksdurchschnitt stimmt, muss doch im Einzelfall nicht stimmen.

Die Niederländer essen fettreicher als die Deutschen, sind aber trotzdem weniger übergewichtig – weil sie mehr Fahrrad fahren.

Zucker als Kariesprophylaxe?

Internationale Vergleiche sind nicht unbedingt aussagekräftig. Die Niederländer z. B. essen fettreicher, sind jedoch weniger übergewichtig als die Deutschen. Nun gut, in Holland fährt man aber auch viel Fahrrad, da stimmen die Fitti. Man käme auch kaum auf die Idee, mehr Zuckerkonsum als Kariesschutz zu empfehlen, nur weil die Dänen mehr Zucker essen und dennoch bessere Zähne haben.

Was stützt die PfundsKur-Botschaft?

- **Ihre eigenen Erfahrungen!**
  Die PfundsKur gibt es seit vielen Jahren. Hunderttausende haben erfolgreich mitgemacht.
- **Die Stiftung Warentest:**
  Sie vergab an die PfundsKur das beste Testurteil.
- **Meta-Analyse von Prof. A. Astrup:**
  Wissenschaftliche Studien beweisen, dass fettkontrollierte, aber kohlenhydratliberale Ernährung zur Gewichtsabnahme führt. So eine große Auswertung von 17 internationalen Studien, in denen die Patienten Kohlenhydrate ad libitum (unbeschränkt)

essen konnten, aber ihren Fettkonsum kontrollieren mussten. Die Patienten erzielten keine Abnahmerekorde, aber sie nahmen ab (und nicht zu!).

- **Die CARMEN-Studie:**
  In Europa wurde in fünf Ländern eine große multizentrische Studie durchgeführt. Hier zeigte sich zusätzlich, dass auch die Art der Kohlenhydrate keinen signifikanten Effekt auf die Gewichtsabnahme hatte.
- **Viele klinische Studien:**
  Neben den großen Untersuchungen finden sich viele klinische Studien, die eine kalorienbegrenzte Kost gegen eine fettnormalisierte, kohlenhydratliberale Ernährung mit dem gleichen Ergebnis getestet haben. Eine Studie konnte zwar beweisen, dass Kalorienzählen zur Gewichtsabnahme führt, aber nur mit schlechtem Sättigungsgefühl, negativer Geschmacksbewertung und eingeschränkter Lebensqualität. Langfristig allerdings – so belegen Trainings, die die Patienten schulten, nicht mehr als 1000 bis 1200 Kalorien pro Tag zu essen – stellt sich dann der JoJo-Effekt ein. Eine Gewichtsabnahme durch „Kalorienzählen“ ist also nur anfangs zu beobachten.
- Schließlich zeigten auch unsere Auswertungen (siehe 2. Woche, S. 31), dass Übergewichtige deutlich mehr Fett, aber weniger Kohlenhydrate konsumieren. Zu diesem Ergebnis kamen ebenfalls die große nationale Verzehrsstudie in Deutschland sowie das internationale MONICA-Projekt.

Online-Training im Internet

Unter www.slimnet.de erwartet Sie ein Online-Training, das nach den PfundsKur-Prinzipien aufgebaut ist. Gerade auch zur Gewichtsstabilisierung gibt es hier viele Tipps, aber auch Chats, die von Psychologen moderiert werden.

Ursache oder Wirkung?

Gut, diese Studien stellen einen Zusammenhang fest, ohne die Ursache belegen zu können. Es ist aber nahe liegend, anzunehmen, dass der überdurchschnittlich hohe Fett- und unterdurchschnittlich niedrige Kohlenhydratverzehr die Übergewichtigen zunehmen ließ. In der Nachkriegszeit war Fett knapp und teuer, Übergewicht und Herzinfarkt aber überaus selten.

Liebe Leserin, lieber Leser,

Sie müssen letztlich selbst entscheiden, ob Sie mit der PfundsKur glücklich werden oder ob Sie auf die Diät-Revolution von Dr. Atkins vertrauen, der Ihnen Fett im Übermaß, aber keine Kohlenhydrate empfiehlt.
Ich hoffe, die PfundsKur hat auch Sie überzeugt. Nutzen Sie Ihre Chance für die schlanke Linie!

Auf der Zielgeraden

Dranbleiben!

Zehn Wochen PfundsKur liegen am Ende der Woche hinter uns. Sie haben jede Menge Fettaugen gespart, einen ganzen Berg an Fitti gesammelt und viele nützliche Informationen erhalten. Sie wissen, dass es wichtig ist, die Aktivität im Alltag dauerhaft hoch zu halten. Sie haben gesehen, wie eine Erhöhung der Aktivität erst schrittweise aufgebaut werden muss, und Sie wissen jetzt, dass Sie dranbleiben müssen, um den Berg nicht erneut von ganz unten besteigen zu müssen. Denn leider gilt auch bei der Aktivität, dass man schneller ab- als aufsteigt.

Steigern und Bilanz ziehen

Nutzen Sie diese Woche ein weiteres Mal zur Steigerung Ihrer Aktivität. Und ziehen Sie in dieser letzten Woche der PfundsKur Bilanz. Schauen Sie in Ihr Bewegungstagebuch und vergleichen Sie die ersten mit den letzten Wochen, wiederholen Sie noch einmal die Testaufgaben der ersten Wochen und machen Sie den Walking-Test. Sie werden feststellen, welche Fortschritte Sie bereits gemacht haben.

Die 37-Fitti-Schwelle

Sind Sie der Trainingsvariante der PfundsKur gefolgt, dann können Sie sich vornehmen, in den kommenden drei bis vier Wochen die 1000-Kilokalorien-Schwelle pro Woche zu „knacken“. Das sind etwa 37 Fitti, die Sie mit den angebotenen Gymnastik-, Kräftigungs- und Ausdauerübungen bald zusammenhaben. Bei den Steigerungsraten des Ausdauertrainings folgen Sie dem aus der Abbildung auf Seite 64/65 (4. Woche) bekannten Schema. Bleiben Sie auch in Ihrem Alltag aktiv, verzichten Sie – wann immer möglich – auf Mobilitätshilfen. Erinnern Sie sich an Ihren Vertrag!

Im Alltag mobil

Sind Sie der Minifit-Variante gefolgt, dann halten Sie auch weiterhin treu an Ihrer Maxime fest: Machen Sie im Alltag mobil und sammeln Sie Fitti, wann immer sich die Gelegenheit dazu bietet. Findet sich mal kein Anlass, dann schaffen Sie sich die „günstigen Umstände“ doch einfach selbst: Spielen Sie mit Ihren Kindern, gehen Sie schwimmen, machen Sie eine Radtour, einen langen Sonntags-

Auch für die Aktivität gilt: Man steigt schneller ab als auf.

Trainingsumfänge:

Um die Trainingsumfänge für diese Woche zu ermitteln (Intensität 7 MET), können Sie wieder die Tabelle auf Seite 127 nutzen.

Gemeinsam geht's besser

Vielleicht denken Sie einmal darüber nach, sich den vielen attraktiven Angeboten der AOK anzuschließen. Bewegung in der Gruppe macht einfach mehr Spaß als alleine zu walken oder Rad zu fahren. Ihre ortsansässige AOK gibt Ihnen weitere Hinweise – auch auf spezifische Angebote, oder auf gezielte Kurse wie Bauch-Beine-Po oder Rückenschulprogramme. In den Kursen werden Sie kompetent beraten.

spaziergang, hacken Sie Holz, mähen Sie den Rasen, streichen Sie mal wieder Ihren Gartenzaun, machen Sie Gymnastik und kräftigen Sie Ihre Muskulatur. Die gezeigten Übungen bieten Ihnen eine breite Palette an Aktivitäten.

Verhaltensmotivationen

Aktivität soll Spaß machen, und es bringt nichts, selbst gesetzten Zielen verbissen hinterherzuhecheln. Das haben wir Ihnen zu Beginn der PfundsKur ans Herz gelegt. Und auch zum Schluss möchten wir Sie in dieser Haltung noch ein wenig bestärken. Motivationsforscher haben in vielen Studien herausgefunden, dass sich Menschen im Prinzip auf zweierlei Weise zu einem bestimmten Verhalten motivieren lassen. Einmal, indem Sie eine Belohnung anstreben, die es wert ist, die Mühe des neuen Verhaltens auf sich zu nehmen: weil man Geld dafür bekommt oder bestimmte Wirkungen erwartet, z. B. einen Gewichtsverlust. Die andere Art des Verhaltens motiviert aus sich selbst. Man tut etwas, weil es Spaß macht, ein Glücksgefühl auslöst oder spannend ist. Man tut die Dinge um ihrer selbst willen.

Mit sich selbst im Reinen sein – nach sportlicher Aktivität im richtigen Maß.

Flow – der Schlüssel zum Glück

Der amerikanische Psychologe Mihailyi Csikszentmihalyi (gesprochen: Mihai Tschik Sent Mihai) hat eine große Anzahl von Personen untersucht, die einer bestimmten Tätigkeit leidenschaftlich nachgegangen sind. Darunter befanden sich etwa Bergsteiger, Schachspieler, Chirurgen und viele andere. Alle beschrieben ihm ein Gefühl, das er als Flow bezeichnet und in dem er einen Schlüssel zum Glück vermutet. Bei diesem Zustand stimmt einfach alles: Man ist mit sich selbst im Reinen, geht ganz in der Tätigkeit auf und verschmilzt geradezu mit dem Tun.

Weder Langeweile noch Angst

Mihailyi Csikszentmihalyi hat auch gezeigt, dass sich das Flow-Erleben nur bei Tätigkeiten einstellt, die um ihrer selbst willen praktiziert werden und die herausfordernde Anforderungen stellen. Tätigkeiten, die sich „mit links" erledigen lassen oder solche, die einen bedrohen, erzeugen Langeweile oder Angst. Sportliche Aktivitäten, die so gewählt sind, dass das Verhältnis zwischen Anforderung und Fähigkeiten stimmt, die uns also weder unter- noch überfordern, sind geradezu ideal geeignet, um den Flow-Zustand zu erreichen.

Genießen Sie Ihr aktives Leben

Denken Sie um, wenn Ihr Verhalten von außen motiviert ist. Ist es nicht so, dass auch die unteren Beweggründe reizvoll wären, um aktiv zu sein? Versuchen Sie auf diese Dinge zu achten und wählen Sie Aktivitäten aus, die Sie herausfordern, die Ihnen Spaß machen, bei denen Sie etwas Angenehmes erleben, nette Menschen treffen – und nicht die, bei denen Sie am schnellsten Fitti sammeln, um abzunehmen. Sehen Sie in den Vorgaben der PfundsKur keine lästige Pflicht, und geben Sie das Bemühen nach Vollkommenheit auf. Seien Sie nicht ungeduldig mit sich – eine gesunde Lebensweise lässt sich nicht erzwingen. Betreiben Sie keine sklavische Selbstkasteiung, sondern genießen Sie Ihr verändertes, aktiveres Leben und machen Sie sich keine Sorgen, wenn Sie Ihre Teilziele einmal nicht erreicht haben. Ihr Ziel sollte es sein, Ihr Wohlfühlgewicht zu erreichen, aber bitte nicht auf Kosten Ihres Glücks. Auch abnehmen und sich mehr bewegen soll und kann Spaß machen. In diesem Sinne wünschen wir Ihnen viel Glück!

Flow-Probe

Man kann ein wenig daran arbeiten, Flow zu erleben. Machen Sie einmal die Probe. Warum sind Sie während der PfundsKur aktiv geworden?

Ich bin aktiv geworden, weil	**Stimmt**	**Stimmt nicht**
ich abnehmen muss	☐	☐
ich mein Erkrankungsrisiko mindern will	☐	☐
mein Arzt mir Bewegung dringend empfohlen hat	☐	☐
meine Bekannten mich dazu aufgefordert haben	☐	☐
ich die Aktivität angenehm finde	☐	☐
mir Bewegung Spaß macht	☐	☐
ich mich wohler fühle	☐	☐
ich dabei nette Menschen treffe	☐	☐
ich die Natur erlebe	☐	☐

Haben Sie eher bei den oben genannten oder eher bei den unten genannten Gründen Ihre Kreuze bei „Stimmt" eingetragen? Wenn Sie die Aussagen der oberen Hälfte bestätigen, dann sind Sie eher „von außen" motiviert.

Lust auf Leben!

Super-Training, Super-Erfolg. Mit Ihrer AOK.

In diesem Jahr ist die PfundsKur zum fünften Mal in aller Munde. Das Erfolgsrezept der größten Gesundheitsaktion Deutschlands: Weniger Fett und trotzdem Essen mit Genuss, mehr Bewegung und sich rundum fit fühlen, langfristig abnehmen und mehr Lebensfreude haben. Tausende begeisterte PfundsKur-Fans können nicht irren. In der Stiftung Warentest erhielt die Gemeinschaftsaktion von SWR1, SÜDWEST *Fernsehen* und der AOK in Baden-Württemberg das Urteil „einfach pfundig“ und „uneingeschränkt empfehlenswert“.

Eine starke Bewegung.
Die SWR1/AOK-PfundsKur-Gruppen.

Mit Gleichgesinnten macht die PfundsKur noch mehr Spaß. Gehen Sie deshalb in eine SWR1/AOK-PfundsKur-Gruppe. Zehn Wochen lang werden Sie auf dem Weg zu Ihrer persönlichen Bestform wirkungsvoll unterstützt, mit einem intelligenten Trainingsprogramm, das Ihnen den Einstieg erleichtert und Ihren kontinuierlichen Erfolg sichert. SWR1/AOK-PfundsKur-Gruppen gibt's in ganz Baden-Württemberg – auch in Ihrer Nähe. Sie müssen nur den ersten Schritt tun – jetzt!

Und jetzt alle miteinander: Bewegungslust statt Hungerfrust.

Überflüssigen Pfunden zu Leibe rücken – mit Spaß, mit Erfolg, gemeinsam im Sportverein unter dem Motto „fit und gesund“. Zusammen mit dem Schwäbischen und Badischen Turnerbund sorgt die AOK für mehr „Fitti“ und weniger „Fettis“.

Auch bei der PfundsKur gilt:
Die AOK tut mehr.

Ergänzend zum 10-Wochen-Programm in den SWR1/AOK-PfundsKur-Gruppen und den Angeboten der Sportpartner bietet die AOK weitere hervorragende Bewegungsangebote für eine bessere Kondition, einen sicht- und spürbaren Trainingserfolg. Das komplette Programm an attraktiven Gesundheitsangeboten in den Bereichen Ernährung, Bewegung und Entspannung gibt's überall bei der AOK in Baden-Württemberg.

Ein schönes Gefühl: Sie sind rundum gut versorgt und werden wirkungsvoll begleitet auf Ihrem Weg zur neuen Fitness. Ganz so, wie Sie es von Ihrer AOK gewöhnt sind.

Appetit auf ein neues Leben?
Die PfundsKur-Partner wünschen viel Erfolg!

Gut zu wissen, Sie werden bei Ihrem 10-Wochen-Training von allen Seiten kräftig unterstützt. Und Sie brauchen auf nichts zu verzichten, denn unsere PfundsKur-Partner bieten Ihnen unter dem Motto „Schmeck den Süden" eine Vielfalt leckerer PfundsKur-Produkte sowie spezielle PfundsKur-Menüs und -Snacks mit geringem Fettgehalt.

Schmeck den Süden
Baden-Württemberg

Genießen Sie die PfundsKur-Produkte unserer Partner:

- Bäckerhandwerk
- Fleischerhandwerk
- Ernährungs- und Fruchtsaftindustrie
- Lebensmittel- und Getränkefachhandel
- Meistervereinigung GASTRONOM e.V. Baden-Württemberg
- Hotel- und Gaststättenverband Baden-Württemberg e.V.
- Land Baden-Württemberg
- Milchwirtschaftlicher Verein Baden-Württemberg e.V.
- Obst- und Gemüseerzeuger und -vermarkter Baden-Württemberg

PowerKids – Die PfundsKur für den Nachwuchs.

- PowerKids ist ein erlebnisorientiertes Behandlungskonzept, das auf eine langfristige Veränderung des Ess- und Bewegungsverhaltens von Kindern ausgerichtet ist.
- PowerKids richtet sich an Kinder zwischen 8 und 12 Jahren.
- Statt Fettaugen werden bei den PowerKids Fettzies, Schlaffies und Winnies gesammelt.
- PowerKids – das 12-Wochen-Programm, das Kinder selbstständig mit Materialien aus dem PowerKids-Begleitkoffer (Trainer, Fettzikon, Video, Tagebuch, Wochenrad etc.) durchführen können.
- Nähere Informationen gibt´s bei jeder AOK-Ernährungsfachkraft in Baden-Württemberg.

Lust auf Leben. Geschmack am Abnehmen: Jetzt gilt's! Machen Sie mit und nutzen Sie die dicke Chance für die schlanke Linie. Wir wünschen Ihnen viel Erfolg und unterstützen Sie dabei mit allen guten Kräften.

SÜDWEST
Fernsehen
Unser Drittes
begeistert
PfundsKur in der Landesschau
Montag | 18.45 Uhr – 19.45 Uhr
Unser Drittes

SWR1 HÖRER
ROTIEREN BEI
TINA TURNER.
Aalen 95,1 MHz · Creglingen 89,8 MHz · Feldberg 89,8 MHz · Freiburg 107,0 MHz · Grünten 98,7 MHz · Heidelberg 97,8 MHz Hohe Möhr 87,6 MHz · Hornisgrinde 93,5 MHz · Langenbrand 92,9 MHz · Raichberg 88,3 MHz · Stuttgart 94,7 MHz Ulm 92,6 MHz · Waldenburg 98,8 MHz · Wittloh 92,4 MHz
EINS GEHÖRT GEHÖRT. SWR1.
SWR 1

Die PfundsKur geht weiter

Mit dem PfundsKur Kochbuch für die ganze Familie

Über 100 neue Rezepte

Alle Rezepte vielfach getestet

Jetzt mit 3-Wochen-Plan und Einkaufslisten

Die PfundsKur
Das Kochbuch zur erfolgreichsten Gesundheitsaktion Deutschlands
zahlreiche farbige Abbildungen, Broschur
ISBN 3-930723-52-2

HamppVerlag

Impressum

Bildnachweis:
Umschlagfoto: AOK Baden-Württemberg;
Brand, Ralf (Privatfoto): S. 5 u. li.; Bubeck, Dieter: S. 5 u. re.; CMA: S. 33; Eye Wire: S. 40, S. 84; Hampp Media: S. 30, S. 31, S. 105, S. 107; Hille, Petra: S. 62; Käflein, Achim (2): S. 57; Mellenthin, Klaus: S. 9, S. 19, S. 35, S. 53- 55, S. 63, S. 92, S. 99-101 (13), S. 124-126 (13), S. 78 (2), S. 122 (3), S. 77 (5), S. 88 (9); MEV: S. 34 re., S. 41, S. 59, S. 97, S. 117, S. 119; mt-color: S. 46; Photodisc: S. 13, S. 34 li., S. 42, S. 58, S. 60, S. 61, S. 81, S. 87, S. 90, S. 93, S. 95 o., S. 96, S. 108, S. 109, S. 111, S. 112, S. 120, S. 133, S. 135, S. 138, S. 76 (2); Pudel, Volker (Privatfoto): S. 5 o. li., S. 10 o.; Schlicht, Wolfgang (Privatfoto): S. 5 o. re., S. 10 u., Silberzahn, Fabian: S. 47, S. 95 u., S. 131, S. 132; Weser, Jutta: S. 8 o., S. 8 u., S. 39, S. 69.

Quellennachweis:
PfundsKur-Bewegungsstatus, S. 19 ff.: nach Frey und Berg, A., Erfassung der körperlichen Aktivität in Klinik und Praxis. In: Samitz, G. und Mensink, G. (Hrsg.): Körperliche Aktivität in Prävention und Therapie, 81-86, Hans Marseille Verlag, München, 2002.
PfundsKur-Fitnessdiagnose, S. 24 ff.: modifiziert nach: Bös, K., Abel, T., Woll, A., Niemann, S., Tittelbach, S. und Schot, N.: Der Fragebogen zur Erfassung des motorischen Funktionsstatus (FFB-Mot), Diagnostica, 48, 101-111, 2002.
Gesundheitscheck, S. 27: Thomas, S., Reading, J. und Shepard, R.J.: Revision of the physical ativity-readiness questionnaire (PAR-Q), Journal of Sport Science, 17, 338-345, 1992.
„Die Deutschen bewegen sich zu wenig“, S. 90: Mensink, G.B.M.: Körperliches Aktivitätsverhalten in Deutschland. In: Samitz, G. und Mensink, G. (Hrsg.), Körperliche Aktivität in Prävention und Therapie, 35-44, Hans Marseille Verlag, München, 2002.

Die Ratschläge in diesem Buch wurden von Autoren und Verlag sorgfältig erwogen und geprüft. Dennoch kann eine Garantie nicht übernommen werden. Eine Haftung des Verlags für Personen-, Sach- und Vermögensschäden ist ausgeschlossen.

www.hamppmedia.de

Herausgeber: SWR 1 Baden-Württemberg

Projektleitung: Jürgen Mann, Beatrice Weber
Redaktion: Melanie Schölzke, Beatrice Weber
Layout und Herstellung: Petra Hille, Angela Renner
Illustrationen: Stefan Ohmstede, Hannover
Umschlaggestaltung: COMMUNICATE, Stuttgart
Satz: Beate König, Stuttgart
Repro: BTB Baun, Fellbach
Druck und Bindung: GGP Media, Pößneck

ISBN: 3-930723-51-4

Printed in Germany